1 MONTH OF
FREE
READING

at
www.ForgottenBooks.com

By purchasing this book you are
eligible for one month membership to
ForgottenBooks.com, giving you
unlimited access to our entire
collection of over 700,000 titles via
our web site and mobile apps.

To claim your free month visit:
www.forgottenbooks.com/free539000

ISBN 978-0-656-87495-8
PIBN 10539000

Les

Jeunes Industriels,

OU

DÉCOUVERTES, EXPERIENCES,

CONVERSATIONS ET VOYAGES

DE HENRI ET LUCIE;

Par MARIA EDGEWORTH.

Traduit de l'Anglais,

Par Madame SW.-BELLOC.

TOME PREMIER.

PARIS,

LIBRAIRIE DE FORTIC,

RUE DE SEINE, N° 21.

1825.

« Le but de l'éducation, quant au savoir, n'est pas, à ce que je pense, de conduire un élève à la perfection dans toutes les Sciences, ou dans une Science quelconque ; mais de donner à son esprit la disposition, et les habitudes qui peuvent le mettre à même d'atteindre à n'importe quelle partie des Sciences dont il peut avoir besoin dans le cours de sa vie. »

LOCKE.

CET OUVRAGE

EST DÉDIÉ

Par MARIA EDGEWORTH,

AUX ENFANS

DU CAPITAINE BEAUFÓRT,

AMI DE SON PÈRE.

A MONSIEUR

CASIMIR PERRIER,

Député.

M ONSIEUR,

En traduisant en français l'ouvrage de Miss Edgeworth, j'ai voulu contribuer de mes faibles efforts à populariser encore d'avantage ce mouvement industriel, rapide et brillant, qui semble entraîner la France vers de si hautes destinées. Fondateur de plusieurs de nos plus beaux établissemens, vous avez trouvé dans l'Industrie de nouvelles routes pour servir le pays dont votre éloquence a défendu les droits. Permettez donc, Monsieur, que votre nom, placé à la tête de cette traduction, soit présenté comme exemple à nos jeunes lecteurs, qui trouveront réunis dans le même homme le courageux Orateur, le digne Député, le bon père de famille, l'actif et ingénieux industriel, l'amateur éclairé des beaux arts, et l'ami le plus chaud de la vertu. C'est avec timidité que j'ose vous parler à vous-même de vos titres de gloire, et je ne me rassure qu'en songeant que ma voix est l'interprète d'une opinion trop générale pour n'être pas connue de vous.

Il m'est doux, Monsieur, d'avoir à rendre ici, comme française, un hommage aussi incontestable à l'un des principaux chefs d'une maison qui a eu des rapports d'amitié avec celle du père de mon mari.

LOUISE SW.-BELLOC.

AVERTISSEMENT

DU TRADUCTEUR.

C'EST surtout aux femmes que semble réservé le privilége de diriger cette première éducation morale qui naît des circonstances, et qui exerce une si grande influence sur notre avenir. Inséparable de son enfant, une mère lit dans ses yeux ses premières impressions de tristesse ou de joie ; elle sait ce qu'il a senti, ce qu'il va dire ; elle recommence à exister en lui : elle connaît toutes les nuances dont se compose déjà le caractère de ces petits êtres si mobiles, si forts dans leur faiblesse, à qui Dieu semble avoir prodigué tous les charmes de la grâce comme pour attirer et retenir ceux dont ils attendent secours et protection ; à qui l'on n'a encore rien enseigné, et qui d'eux-mêmes ont appris tant de choses ; auxquels chaque heure apporte une nouvelle découverte et un nouveau plaisir ; dont l'observation toujours éveillée se fixe sur une foule d'objets et en conserve un souvenir distinct ; qui prennent enfin possession de la vie, comme d'un lieu enchanté où ils découvrent une merveille à chaque pas. Cette curiosité, cette vivacité d'intelligence, cette soif d'apprendre, deviendront, si elles sont habilement ménagées, une source intarissable de jouissances pures. Elles seront pour tout homme la base d'un bonheur réel et qu'il trouve en lui-même. Jamais pour lui la nature si fé-

conde et si variée ne perdra son attrait. Jamais, il ne
se lassera d'étudier ses beautés , ses mystères. Mais son
amour ne sera pas seulement contemplatif. Il appli-
quera au bien-être de tous ce que seul il a vu, ce qu'il
a découvert seul. Il descendra au fond de la mine du
savoir, et il en rapportera des trésors qui feront sa
gloire et l'admiration des autres hommes : il appellera
les multitudes à jouir de son génie, et son nom cou-
ronné d'une auréole brillante passera à l'immortalité.
Et quand même une si grande récompense ne lui serait
pas réservée, lors même que ses expériences n'auraient pas réussi, et que, semblable au Prince du Conte
arabe, il eût vu l'oiseau s'éloigner de branche en branche, emportant avec lui le précieux talisman, il eût
du moins vécu heureux. Son esprit toujours occupé
n'aurait pas compris le mal ; il aurait traversé le monde
sans en prendre les souillures, conservant jusque dans
la vieillesse cette candeur de l'ame, qui, de même que
le génie, nous rapproche du ciel.

Le but de l'éducation est sans doute d'assurer, autant que possible, le bonheur de chaque individu,
non dans la définition la plus étroite de ce mot, mais
dans son acception la plus large et la plus étendue.
Ne rien étouffer, développer à la fois toutes les facultés
intellectuelles de manière à ce qu'elles s'harmonisent
et se balancent entre elles, enfin, mettre l'homme en
pleine possession des dons que lui a faits la Providence,
me semble la condition la plus nécessaire pour arriver
à ce but. Là, il ne s'agit pas de créer, mais d'attendre.
Les plantes que Dieu sème sur les montagnes et les rochers croissent sans notre secours. Que l'enfant, livré à
ses propres impressions , juge toujours d'après son
expérience ; c'est un guide qui ne l'égarera pas. Qu'il

apprenne à respecter les opinions d'autrui , mais qu'il
ne les adopte pas avec une complaisance servile : qu'il
sente de bonne heure le prix de la liberté, afin d'en
être digne, un jour. Qu'indépendant des hommes il
puisse refuser , ou accepter leurs services, selon le
vœu de sa conscience : qu'il puisse toujours se passer
de leur aide, jamais de leur estime et de leur sympathie.

Mais que signifie une théorie en éducation? c'est la
pratique qui nous manque. Tout le monde est à-peu-
près d'accord sur le point où il faut arriver, la route
seule est incertaine; chacun veut s'en frayer une, au
lieu de se confier au temps et à l'instinct. Notre vanité s'alarme du repos; notre présomptueuse raison
veut que tout cède devant elle : elle coupe, elle étouffe
pour un jour ce qui demandait à croître. Elle impose
ses croyances, elle inculque ses préceptes, et quand
elle croit avoir tout fait, quand elle triomphe avec
orgueil, il survient un orage , et tout a disparu. Semblable à l'insensé dont il est parlé dans l'Evangile, elle
a bâti sur le sable, « et lorsque la pluie est tombée ,
que les fleuves se sont débordés, que les vents ont
soufflé, et sont venus fondre sur la maison, elle a été
renversée et la ruine en a été grande. » Il n'en est pas
ainsi de celui qui s'appuie sur la volonté du Créateur,
qui l'étudie avec respect et tremblement, qui la seconde
avec mesure. Il faut faire abnégation de soi, prendre
un de « ces petits » par la main, et se laisser guider par
lui dans des voies nouvelles dont il a le secret. C'est en
se faisant l'élève des enfans, en partageant leurs sensations, qu'on apprend l'art si difficile de leur donner
d'utiles leçons, des enseignemens solides. Alors les
obligations seront réciproques; vous dévoilerez à votre
élève les merveilles du monde connu, des sciences,

des arts : de son côté il vous initiera dans les mystères du cœur humain ; il vous ramènera à ces jours d'innocence et de joie qui semblent réfléchir le ciel, et dont le souvenir s'est obscurci en vous : son ame ingénue s'ouvrira avec abandon ; vous la verrez grandir, s'élever, s'enflammer pour le bien. Vous assisterez au plus bel œuvre de la création, au développement de l'intelligence dans toute sa force et toute sa liberté.

C'est cet échange si doux de services et d'observations qui prête tant de charme aux ouvrages que Miss Edgeworth a écrits pour les enfans. On sent qu'elle est encore plus leur compagne que leur institutrice. Toujours sur la même ligne, elle ne les presse ni ne les devance, elle marche auprès d'eux et ne les mène pas. S'ils chancèlent, son bras est là pour leur servir d'appui. Si un objet placé trop haut attire leur attention, elle ne souffre pas qu'ils s'épuisent en efforts dangereux pour l'atteindre, elle l'approche et le met à leur portée. Amie prudente, infatigable, elle sait déguiser des soins qui jamais n'importunent; elle unit à la grâce du bienfait l'aisance qui en allège le poids. Ne laissant voir que ses petits favoris, elle se cache aux yeux du spectateur, comme le ruisseau qui reverdit la prairie, rafraîchit ses fleurs et s'écoule inaperçu. Bien différente de ces doctes précepteurs qui, exigeant qu'on ne pense et ne parle que d'après eux, convertissent sans pitié une foule d'être vivans, en échos qui ne renvoient plus qu'un son, elle éveille toutes les cordes et en tire une douce harmonie. Loin de proclamer des doctrines arrêtées, elle remonte sans cesse aux sources de toute vérité, à l'expérience et à l'observation: elle y conduit ses jeunes amis par des degrés insensibles : elle leur ménage la surprise et la

Joie d'être arrivés seuls. Il y a dans ses précautions une bonté pleine d'adresse, une abnégation de soi-même qui touche profondément.

Elevée par un père qui unissait à des connaissances étendues, à un jugement éclairé, un esprit aimable et un grand zèle pour le bien public, Miss Edgeworth comprit de bonne heure de quelle utilité pouvait être un écrivain consciencieux, qui, au lieu d'écrire pour se faire un nom, et pour obtenir quelques succès de vanité, se propose le but mille fois plus noble de servir ses semblables, en recueillant pour eux les utiles leçons que donne la vie. Son père, dont elle faisait l'orgueil et la joie, développa ses dispositions pour les lettres, et l'associa à ses travaux. Il avait souvent réfléchi sur l'importance de l'éducation pour former à la vertu les générations présentes et à venir. Il avait été frappé des abus qui se perpétuent de siècle en siècle; il résolut de les attaquer, non par des déclamations violentes que leur emportement rend inutiles, mais par des exemples pratiques, par des faits et de sages raisonnemens opposés à des théories vagues, à des systêmes ennemis des améliorations. Fidèle aux principes de liberté dont j'ai parlé plus haut, et chef d'une nombreuse famille, M. Edgeworth vit se déployer autour de lui les caractères les plus divers: il en étudia les grands traits, et laissa à sa fille le soin d'en saisir les nuances, de leur donner leur physionomie habituelle, enfin de les peindre tels qu'elle les voyait à toutes les heures du jour dans la plus complète intimité. Ce sont ces études toujours faites d'après nature qui cultivèrent à un si haut point, le talent d'observation de Miss Edgeworth, et surtout sa sympathie avec ses jeunes modèles. Elle s'identifiait à eux; tout était

en commun, plaisirs, espérances, chagrins. Là, comme
depuis dans ses écrits, elle était l'amie indulgente, le
guide éclairé auquel on en appelait en toute occasion,
et qui, sans jamais faire parade de son autorité, sans
jamais blesser les cœurs, savait être toujours juste.
Plus tard, elle porta dans le monde ce même amour
de justice et de vérité. Elle signala les abus, les erreurs ;
elle combattit les préjugés ; elle s'attacha surtout à montrer combien le bonheur est facile quand nous le cher-
chons où la Providence l'a mis, dans nos facultés, dans
nos affections. Elle simplifia tout, parce qu'elle n'écrivait
pas pour faire des livres, ou pour éveiller des émotions
inutiles, quand elles ne sont pas dangereuses ; son but
invariable était le plus grand bien de tous, et elle mit
en œuvre tous ses moyens pour l'accomplir. Persua-
dée que des causes en apparence secondaires, que des
défauts légers exercent souvent une grande influence
sur nos destinées, elle donna dans *Demain*, un de ses
plus charmans *Contes Populaires*, le tableau des cala-
mités qui peuvent être la suite de cette paresse impré-
voyante qui fait tout rejeter dans l'avenir. Là rien n'est
exagéré ; chaque évènement est la conséquence rigou-
reuse du caractère du héros : on est tenté de croire que
c'est le récit d'évènemens véritables. Le conte des *Deux
Fermiers* (je ne puis me rappeler le titre anglais)
renferme une morale encore plus frappante. Deux
familles vivent à la campagne ; leurs fermes et
leurs propriétés se touchent. Dans l'une règne la
plus grande union : le père est un homme pieux, ré-
véré et chéri de tous ceux qui l'entourent ; il a élevé
ses enfans dans la crainte du Seigneur, et les a formés
à l'exercice des vertus filiales et domestiques. Ils sont
pleins de bonté, de candeur, d'innocence. L'autre

fermier n'est ni vicieux, ni méchant, mais il manque de force. Ses enfans qu'il a gâtés, faute de savoir résister à leurs caprices, dédaignent ses conseils. Le luxe et la vanité se sont introduits chez lui ; ses filles ont la coquetterie de la ville et l'ignorance du village : ses fils sont rustres et petits-maîtres. Cependant, toutes les prospérités leur échoient en partage, leurs entreprises réussissent, leurs richesses s'augmentent. Tandis que la fortune semble se plaire ainsi à les favoriser, elle accable leurs malheureux voisins des plus cruels revers. Un malheur succède à l'autre, et l'honnête famille est réduite à la plus profonde misère. Elle rassemble ses ressources ; elle redouble d'énergie ; tous se serrent les uns contre les autres afin de fermer l'accès au désespoir. Mais son plus ferme appui, le fils aîné, meurt épuisé par ses courageux efforts ; et au milieu de cette scène de mort si déchirante, on sent un calme, une résignation, qui fait comprendre, que même là il y a encore du bonheur parce qu'il y a de la pureté d'ame, et un culte profond et vrai pour la vertu. Le vieillard soutenu de ses plus jeunes enfans, suit le cercueil jusqu'au cimetière, et comme il revient en pleurs, il entend sortir de la ferme voisine des imprécations et des cris. Deux hommes ivrés en entraînent un troisième. Il se débat en vain contre eux : ils parviennent à lui arracher un sac d'argent sujet de la dispute. C'est le fermier voisin et ses deux fils. Je ne suivrai pas plus loin ce contraste. Mes souvenirs sont d'ailleurs un peu confus, car il y a long-temps que j'ai lu ce conte pour la première fois, mais je n'oublierai jamais l'impression qu'il m'a laissée. Il y a d'un côté, opulence et ennui, des moyens de bonheur selon le monde, et une impossibilité morale d'en jouir ; de l'autre, une élévation de principes et de

sentimens qui défie le sort et les hommes , et qui
fait préférer de bonne foi cette position si douloureuse,
mais si féconde en forces et en vertus.

Chacun dés *Contes populaires* de Miss Edgeworth est
une bonne action, et cet éloge pourrait s'étendre à tous
ses ouvrages, car je n'en connais pas un qu'on puisse
lire sans avoir envie de devenir meilleur. On lui a quelquefois reproché de marcher trop droit à son but, de ne
pas s'écarter assez de la morale de son livre, et, à mon
avis, une des plus estimables qualités de son talent,
est cette préoccupation du bien qui ne permet pas
qu'on le perde de vue , qui fait qu'on se reproche un
épisode, une digression, comme un écart ou un mouvement de vanité. Cette droiture d'intention si rare chez
les écrivains me semble placer Miss Edgeworth au premier rang parmi les moralistes. Elle s'oublie elle-même
de si bonne foi ; elle sacrifie si bien tout ce qui séduit
le vulgaire, pour ne s'occuper qu'à remplir les condi-
tions qu'elle juge indispensables à son but. C'est ainsi
que dans ses écrits pour les enfans, elle veut être com-
prise et non point admirée. Son langage est clair, simple, positif. Elle n'évite point les répétitions : elle les
multiplie quand il le faut, au risque de perdre de l'élé-
gance du style. On sent qu'elle n'a jamais hésité entre le
petit amour propre de briller, et le noble désir d'être utile.
Aussi a-t-elle acquis en Angleterre, et en France, parmi tous ceux qui voient plus avant que la surface, une
de ces réputations qui placent si haut, parce qu'elles
sont le résultat d'une vie toute d'honneur et de conscience. Je n'avais jamais vu Miss Edgeworth, quand
je traduisis deux volumes du recueil de ses Contes pour
les enfans , intitulés, *Parents' assistant ;* mais en essayant de rendre en français la grâce naïve et ingénue

de *simple Susan*,* j'appris à révérer et à aimer l'auteur : et quand plus tard je fus assez heureuse pour, lui être présentée , mon cœur battit de respect et de joie , et mes yeux se remplirent de larmes. A peine pouvais-je répondre à ses temoignages d'intérêt et de bonté : elle attribua sans doute mon émotion à une autre cause qu'à la véritable , car je n'avais pas de paroles pour la lui dire ; et je suis sûre qu'elle se fût étonnée qu'une chose si naturelle pût exciter de l'enthousiasme. .

Miss Edgeworth commença avec son père, à la suite de son admirable *Essai sur l'éducation pratique*, une espèce de cours qui en était l'application immédiate. Les deux premiers volumes destinés aux enfans de quatre à cinq ans renferment les observations et les idées qui se développent à cet âge , rattachées à des faits présentés avec l'adresse ingénieuse qui tient l'intérêt en haleine , et puisées dans une expérience journalière. Deux autres volumes sur le même plan succédèrent aux premiers ; il en parut encore cinq; et le livre dont j'offre ici la traduction au public est en quelque sorte le complément de ces premiers ouvrages, tous détachés entr'eux, et pourtant formant une suite d'enseignemens familiers, qui commencent à 4 ou 5 ans, et se continuent jusqu'à quatorze ou quinze. Quelques parties de ce cours ont été traduites en français, mais mutilées. On s'est permis d'en retrancher, d'y ajouter : enfin ce n'est plus l'œuvre de Miss Edgeworth, telle qu'elle l'avait conçue. Si, comme je l'espère, *les Jeunes Industriels* sont bien accueillis en France , j'entreprendrai de donner

---

* *Suzette ou la Peine du Mai* , publiée chez Fymery avec quelques autres Contes de Miss Edgeworth sous le titre de *Petits Contes Moraux, à l'usage des Enfans* , 2 vol in-18.

la traduction exacte et complète des neuf petits volumes qui les ont précédés, et qui motivent le titre
si simple que Miss Edgeworth a donné à ce dernier
écrit : *Conclusion de Henri et Lucie*, ou dernière
partie des Premières Leçons, par Maria Edgeworth. Titre
que je me suis vue forcée de changer à regret, car il
est aussi un trait de caractère, mais il n'aurait pas été
compris. La préface de l'auteur expliquera mieux que
je ne pourrais le faire son but et ses intentions. J'ajou-
terai seulement ce que sa modestie lui a fait taire : c'est
que sous des formes d'une extrême simplicité, elle a
caché une instruction profonde et variée. On ne trouvera point dans les conversations de Henri et de Lucie,
ces à-peu-près qui, en France, remplissent la plupart des livres destinés à la jeunesse, ces notions
imparfaites puisées par des ignorans dans des diction-
naires vieillis qui fourmillent d'erreurs; tout ce qui est
peint a été vu par un esprit observateur : tout a été
soumis à un jugement sain. Il y a une absence complète de pédanterie. Ce sont les enfans eux-mêmes qui,
passant de conséquence en conséquence, d'induction
en induction, selon la marche de la pensée, arrivent
à trouver et presque à inventer ce qui s'est fait de
plus merveilleux dans les arts industriels. Ils parcou-
rent quelques Comtés de l'Angleterre, et on fait ainsi
avec eux la revue des progrès de l'industrie dans ce
royaume.

Le seul reproche qu'on puisse adresser à l'ouvrage,
et qui n'en est certes pas un pour l'auteur, est peut-
être d'exciter à l'anglomanie, et de placer la Grande-
Bretagne trop au-dessus des autres nations. On ne
pouvait attendre moins du patriotisme de Miss Edgeworth, mais son respect pour la justice l'a préservée

des exagérations dans lesquelles tombent quelques-uns de ses compatriotes, et surtout des insultes qu'ils prodiguent aux étrangers, comme s'ils ne pouvaient s'élever qu'en abaissant les autres peuples. Les louanges données à l'industrie doivent toujours être prises en général, et doivent éveiller l'émulation et non l'envie. D'ailleurs notre patrie n'a-t-elle pas aussi ses supériorités : son sol fertile, son beau climat, ses arts, ses hommes de génie, qui, trop souvent ont transporté sur une terre étrangère leurs conceptions hardies et neuves, faute d'appuis et de capitaux ? Maintenant une autre époque commence pour nous : des noms chers à la France, des hommes forts de volonté, de talens et de persévérance, consacrent leurs fortunes et leurs veilles à des entreprises gigantesques, et ils les accomplissent. Ils ne se traînent pas sur les traces de l'Angleterre, ils marchent de niveau avec elle ; peut-être un jour ils la devanceront. C'est dans cette espérance que j'ai conçu le projet de faire suivre le tableau de la Grande-Bretagne industrielle qu'a tracé Miss Edgeworth pour de jeunes Anglais, de celui de notre France, de ses richesses, de ses entreprises, des perfectionnemens survenus dans son industrie. Je resterai sans doute bien loin de mon modèle, mais je m'efforcerai du moins d'être aussi consciencieuse. Déjà plusieurs savans m'ont offert leurs secours ; plusieurs personnes m'ont encouragée par leurs conseils : et je mettrai à contribution leur bonne volonté et leur expérience, dès que j'aurai entièrement terminé la publication des *Jeunes Industriels*. Mon seul désir, et la récompense que j'ambitionne le plus, c'est que mon ouvrage soit jugé digne de faire suite à celui de Miss Edgeworth.

LOUISE Sw. BELLOC.

Je n'ai point parlé dans cet avertissement des romans moraux de Miss Edgeworth , de ses Contes, enfin de ses nombreux écrits qui mériteraient chacun une mention particulière. Elle a suivi l'homme dans toutes les phases de la vie , avec une admirable vérité et une surveillance inquiète pour son bonheur : mais une pareille revue m'eût trop éloignée de mon sujet : d'ailleurs, . j'ai l'intention d'en faire l'objet d'un article pour la Revue Encyclopédique dans lequel je me dédommagerai du silence que je me suis vue forcée de garder ici. En attendant , je crois rendre service aux appréciateurs d'un talent si estimable en leur donnant ici la liste complète des ouvrages publiés par Miss Edgeworth et par son père.

Early Lessons for children. Premières Leçons pour les enfans. 4 vol.

Parents' assistant; or stories for children. L'aide des parens, ou Contes pour les Enfans. 6 v.

Rosamond. Rosamonde, suite des premières Leçons. 2 v.

Frank. Frank , *idem.* 3 v.

Poetry Explained. La poésie expliquée, par M. Edgeworth. 1 v.

Readings on poetry. Lectures sur la poésie, par le même. 1 v.

Essays on pratical Education. Essais sur l'Education pratique ; par M. et Miss Edgeworth. 2 v. in-8.

Professional Education. De l'Education, qui rend propre à diverses professions, par M. Edgeworth. 1 v.in-8.

Letters for Literary ladies. Lettres adressées aux femmes de Lettres. 1 v.

Castle Rackrent. 1 v.

Essay on Irish Bulls. Essai sur les coq-à-l'âne Irlan-
dais, par N. et N iss Edgeworth. I v.

Moral tales. Contes N oraux. 3 v.

Belinda. Belinde. 3 v.

Leonora. Léonore. 2 v.

The modern Griselda. La moderne Griseldis. I v.

Popular tales. Contes populaires. 3 v.

Tales of fashionable Life. Contes du grand monde. 6 v.

Patronage. Les Protecteurs et les Protégés. 4 v.

Comic Dramas. Comédies. I v.

Harrington et Ormond. Contes. 3 v.

Lettre à Lord Charlemont sur le télégraphe, par
N. Edgeworth. I v.

M. Edgeworth's speeches in Parliament. Discours de
N. Edgeworth au Parlement. I v.

Essai sur la construction des routes et voitures, par
N. Edgeworth. I v.

Memoirs of L. Edgeworth. N émoires de M. Edgeworth,
écrits en partie par lui, en partie par sa fille. 2 v. in-8.

Tales and Miscellaneous Works. Recueil de Contes, et
de divers morceaux détachés. 14 v.

Presque tous ces ouvrages ont été traduits en français ; il y en a même quelques-uns dont il existe plusieurs traductions, entr'autres, les Contes populaires,
les Contes moraux, etc.

PRÉFACE

De l'Auteur,

ADRESSÉE AUX PARENS.

Ces volumes sont destinés aux jeunes gens de l'âge de douze à quatorze ans. Ils complettent la série des « *Premières Leçons;* » humble ouvrage dont je ne puis attendre aucune gloire littéraire, mais que j'ai surtout désiré achever par la ferme persuasion où j'étais qu'il serait le plus utile de mes écrits. J'ai eu aussi un autre motif; quoiqu'il puisse n'intéresser que faiblement le Public, qu'il me soit permis de le dire ici : *Henri et Lucie* furent commencés par mon père, il y a plus de cinquante ans, pour l'usage de sa propre famille, et publiés à une époque où aucun littérateur distingué, excepté le docteur Watts et madame Barbauld, n'avait encore daigné condescendre à écrire pour la jeunesse. Ce petit livre fut, je crois, la première tentative faite en Angleterre, pour donner des

connaissances élémentaires exactes aux
enfans, et pour faire naître en eux le goût
des sciences par une narration appropriée
à leur intelligence, et calculée pour les
amuser et les intéresser, en même temps
que pour les instruire. Trouvant par expérience que ce livre répondait au but qu'il
s'était proposé, mon père le continua à
de longs intervalles; et j'eus le bonheur
de travailler avec lui à la dernière partie,
publiée en 1813. Il me communiqua alors
sur le développement de son plan plusieurs idées, que je jugeai trop précieuses
pour être abandonnées. Je considérai
qu'une connaissance approfondie de ses
vues, et une longue habitude de sa manière d'enseigner, me mettaient à même
de poursuivre son ouvrage; quoique je ne
me sois pas dissimulé la difficulté qu'il
y a, à combiner des explications ingénieuses et des exemples pratiques, non plus
que l'exactitude et la précision qu'exige
l'instruction élémentaire. Je savais aussi
combien les avis de mon père me manque-
raient dans cette entreprise; mais j'ai été
encouragée à persévérer par l'assistance
que m'ont donnée ses savans amis et les
miens. Citer ici leurs noms satisferait ma
vanité et attirerait sans doute la confiance
des parens ; mais j'aurais l'air d'y mettre
de l'ostentation, et je craindrais de rendre

les autres responsables d'erreurs qui ont
pu m'échapper, malgré l'examen le plus
sévère.

J'ai essayé de poursuivre dans cette
conclusion des « *Premières Leçons ,* »
l'objet que mon père s'était proposé dès
le commencement; j'ai voulu exercer les
facultés d'attention, d'observation, de
raisonnement et d'invention, plutôt qu'enseigner aucune science, ou faire faire
aucun progrès par delà les premiers principes. Le point essentiel est d'exciter la
soif du savoir, sans laquelle on environ-
nerait envain l'enfant de tous les trésors
des connaissances humaines. Comme le
disait le docteur Johnson à Boswell, lorsque ce dernier lui décrivait les peines
que ses précepteurs avaient prises pour
l'instruire :

« Monsieur, il n'y a personne qui ne
puisse mener un cheval à l'abreuvoir,
mais qui peut le faire boire ? »

Par le genre même d'instruction qu'il
s'agissait de donner, il était impossible
de rendre ce livre aussi amusant que peut
l'être le récit d'incidents ou d'histoires
inventées à plaisir. Mais le mouvement
varié de la vie domestique, les fréquents
changements de scène, et les différents
caractères des enfants, avec toutes les espérances et les craintes qui s'attachent à

la poursuite de leurs petits projets, de
leurs propres expériences, produiront,
j'espère, assez d'action, pour créer de
l'intérêt, et pour tenir l'attention éveillée.
Aucun stimulant pernicieux n'a été mis
en avant. Ni déception, ni cajolerie n'ont
été employées pour atteindre notre but.
Toute tentative pour tromper les enfans,
par la fausse promesse qu'ils peuvent obtenir du savoir sans peine, est aussi vaine
que nuisible. Les Dieux vendent tout au
travail, et les mortels jeunes comme vieux
doivent payer ce prix.

L'industrie a cependant droit à un
salaire, car les élèves s'exercent en proportion de leurs espérances; il faut, pour
encourager leurs travaux, les plaisirs du
succès. J'ai pris toutes les précautions en
mon pouvoir, pour assurer à chaque effort
d'attention, sa juste récompense.

Beaucoup de choses qui seraient fatigantes et insupportables aux jeunes gens,
si elles leur étaient présentées par des précepteurs, et d'un ton didactique, seront ac-
cueillies avec avidité en conversation; surtout dans des conversations entre enfans
du même âge. Dans cet échange enfantin
de pensées et d'observations, il entre toujours une certaine quantité de plaisan-
teries oiseuses, de mots vuides de sens;
alliage nécessaire pour soulager l'atten-

tion et exercer le bon sens. Les enfans peuvent continuer à causer entr'eux beaucoup plus long-temps qu'ils ne peuvent écouter le discours, quelque sage et éloquent qu'il soit, d'une grande personne. Les jeunes gens doués de bonnes dispositions apprennent avec une facilité merveilleuse les uns des autres, parce que le jeune maître n'a point oublié les peines qu'il a prises et les obstacles qu'il a franchis; il sait exactement où se trouve la difficulté; il voit comment l'éloigner, et enseigne à la vaincre. Le précepteur placé au sommet de l'échelle du savoir, peut à peine tendre la main au pauvre écolier, qui, du dernier échelon fixe, sur lui des regards effrayés; tandis qu'arrivé seulement à une hauteur moyenne, l'élève qui n'a que quelques dégrés d'avance sur lui, peut tendre à son camarade une main secourable, lui montrer où il peut avec assurance placer le pied; et tantôt le blâmant, tantôt l'encourageant, l'amener enfin jusque sur la ligne où il se trouve lui-même.

Le système de l'enseignement mutuel peut être suivi avec plus d'avantage pour enseigner les élémens des sciences, que ceux de la littérature, et peut s'étendre même aux plus hautes branches de l'éducation intellectuelle. C'est d'après ce principe, que dans les volumes suivants,

le jeune frère enseigne à sa sœur ce qu'il a
appris, soit de son père, soit dans ses livres.

Les talens de Henri, son savoir, pa-
raîtront peut-être au-dessus de son âge ;
le lecteur peut l'attribuer à l'éducation,
au hasard, ou à un génie naturel. Henri
sera goûté, parce qu'il n'est pas pédant,
et il a assez de défauts et de faibles, pour
le sauver de l'ennui attaché à un caractère parfait, et du danger d'être jugé trop
accompli pour être naturel.

D'un autre côté Lucie peut sembler
parfois trop enfant et trop légère ; son respect pour l'exactitude n'étant pas d'abord
beaucoup plus grand que celui de ce ma-
telot qui disait : « nous ne nous querel-
« lerons pas pour une poignée de degrés. »
Mais ces défauts donnent lieu aux plaisan-
teries et à l'action nécessaires pour soulager l'attention du lecteur. Quant au risque de devenir affectée et pédante, c'est
à la prudence de sa mère et à son propre
bon sens que nous laissons le soin de l'en
préserver. Tout ce que l'autre sexe a pu
dire ou penser sur ce sujet est compris dans
cette déclaration d'un spirituel Écossais.

« Je ne m'inquiète pas jusqu'à quel
« point les bas d'une femme sont bleus*,

_____

(*) On appelle en Angleterre, *bas bleus*, les
femmes savantes.

« pourvu que ses jupons soient assez longs
« pour les cacher. »

Mon père prévit, il y a long-temps, ce
que tout le monde sent maintenant; c'est
que le goût pour les sciences venant à
s'élever et à s'étendre aussi rapidement
que celui de la littérature, il deviendrait
indispensable de préparer l'instruction de
la jeunesse pour les sciences, comme on
l'avait fait avec tant de succès pour la
littérature classique. Dans les établissemens publics, les changemens, même les
plus nécessaires et les plus impérieusement
exigés, ne s'exécutent, pour plusieurs raisons, que d'une manière tardive; d'ailleurs
l'instruction privée doit tout commencer.

Plusieurs personnes ont craint, ou af-
fecté de craindre, que les connaissances
en se répandant si généralement, n'a-
mortissent la puissance du génie; et que
l'on ne vît diminuer les facultés inventives
à mesure que les esprits se cultiveraient
davantage. Cela ne pourrait arriver que
par suite d'un plan d'éducation peu judi-
cieux, où l'on se proposerait pour seul et
unique but de faire acquérir à un enfant un
grand nombre de sciences de tous genres ou
d'un genre quelconque : l'esprit oppressé
perdrait alors son ressort, et l'invention
s'éteindrait sous une masse de connaissances confuses et mal digérées : mais ce dan-

ger n'existe plus dès le moment que les facultés sont exercées proportionnellement, et si l'on met l'élève à même de classer, et par dessus tout d'employer son savoir. Dans les sciences, l'espoir des découvertes futures et l'ambition d'inventer, sont des stimulans actifs, naturels, et qui jamais ne manquent aux jeunes comme aux vieux.

Un très-ingénieux et très-mystérieux philosophe, le docteur Hooke, parle quelque part dans ses ouvrages d'une formule algébrique, par laquelle il pouvait déterminer quelles choses étaient possibles, ou impossibles à exécuter ou à inventer. Sans ajouter une foi entière à ce prétendu moyen, et sans comprendre parfaitement ce prophète voilé, nous pouvons espérer et croire que la faculté d'inventer peut se développer et se perfectionner par l'exercice, par le raisonnement et par des expériences judicieuses. Plusieurs observations admirables sur la nature et sur la conduite de l'intelligence, sur les causes qui ont empêché notre avancement, nos progrès dans les sciences, et sur les habitudes des faux raisonnemens, des préventions et des préjugés qui enchaînent et anéantissent nos facultés, se trouvent dans les ouvrages de Bacon, de Hooke, de Locke, de Stewart, et de Playfair. Ces observations ne doivent pas rester ensevelies dans des livres, admirées seulement des savans ; nous ne devons pas nous contenter de les citer parfois pour en orner nos écrits ou notre conversation. La Métaphysique, après avoir été trop à la mode, a été mise de côté trop dédaigneusement ; on a confondu l'usage avec l'abus. Ce serait assurément rendre grand service à la société, que de revêtir d'une forme populaire tout ce que les métaphysiciens ont découvert qui pût s'appliquer à l'éducation pratique. Ce fut long-temps une des pensées habituelles de mon père. Il croyait qu'on pouvait cultiver, au grand avantage de la génération qui s'élève, je n'oserais dire l'art d'enseigner à inventer, mais du moins celui d'éveiller et d'aider les facultés inventives par un exercice et des encouragemens journaliers, et par l'application des principes philosophiques à des circonstances en apparence indifférentes.

J'ai maintenant exposé les intentions de cet ouvrage : je laisse au temps, aux parens, et par dessus tout aux enfans, à décider jusqu'à quel point elles ont été remplies.

MARIA EDGEWORTH.

31 mai 1825.

Les

JEUNES INDUSTRIELS,

O U

DÉCOUVERTES, EXPÉRIENCES,

CONVERSATIONS ET VOYAGES

DE HENRI ET DE LUCIE.

~~~~~~

CHAPITRE PREMIER.

Entretien de Lucie avec sa Mère ; la Canne de Henri.

———

« MAMAN, vous rappelez-vous il y a deux ans, comment papa nous expliquait le thermomètre et le baromètre, et toutes les jolies petites expériences qu'il nous montrait ? » dit Lucie en soupirant.

— « Oui, ma chère, je me rappelle très-bien de ce temps-là... Mais, pourquoi soupires-tu ? »

— « Parce que j'étais bien heureuse
alors! » reprit Lucie.

— « Et ne l'es-tu pas encore aujour-
d'hui, ma ch ère enfant? »

— « Oui, maman; mais pas autant
qu'autrefois, parce qu'à présent nous
ne nous arrangeons plus Henri et moi,
comme dans ce temps-là. »

— « Pourquoi donc? J'espère que tu
n'es pas en querelle avec ton frère? »

—« En querelle! oh non maman, il serait
impossible de se fâcher contre Henri; il
est si bon enfant, et je crois qu'il m'aime
tout autant qu'il y a deux ans. Mais je
ne sais pas comment cela se fait, nous ne
nous arrangeons plus si bien ensemble;
nous ne sommes plus si souvent l'un avec
l'autre; je ne me mêle plus de tout ce
qu'il fait; je ne sais plus tout ce qu'il
pense à présent. »

— « Ma chère Lucie, voilà quelque
temps que vous apprenez, ton frère et
toi, des choses toutes différentes; à mesure que vous grandissez vos occupations
ne peuvent plus être les mêmes; vous en
avez, chacun de votre côté, qui vous sépa-
rent pendant la plus grande partie du jour,
et c'est tant mieux : vous vous retrouvez
avec plus de plaisir aux heures de récréation. Ne le penses-tu pas toi-même? »

— « Oui, maman, » dit Lucie, «mais... »

Et après ce *mais*, elle fit encore un soupir.
« Mais les mêmes choses ne nous amusent
pas toujours également ; Henri est si occupé de mécaniques, il aime tant toutes
sortes de sciences, qu'il est sans cesse
à questionner là-dessus mon oncle ou mon
papa. »

— « Je croyais, Lucie, que toutes ces
choses te plaisaient autant qu'à lui. »

— « J'aime bien aussi à en entendre
parler, maman ; seulement ça ne m'amuse
pas tout-à-fait autant qu'autrefois. Je ne
sais trop pourquoi, mais cependant, je
m'imagine que c'est parce que je ne les
comprends pas à beaucoup près si bien
que Henri : il est bien plus avancé que
moi ! »

— « C'est tout naturel, tu as employé
ton temps à apprendre d'autres choses
plus utiles à savoir pour une petite fille. »

— « Oui, maman, je me souviens que
justement après cet heureux temps du
baromètre, vous disiez que je ne pensais
plus à rien qu'aux expériences : et papa
vous répondit que cela ne devait pas être.
Et depuis il ne m'a plus permis d'aller
dans sa chambre le matin avec Henri. Il
est vrai que j'ai appris plus d'arithmétique, de dessin, de danse et d'ouvrage
à l'aiguille. »

— « Et ces occupations ne t'ont pas

moins plu que les autres , ainsi tout est
pour le mieux. Ce n'est pas là ce qui te
rend moins heureuse ? »

— « Non , non, maman; mais vous vous
souvenez bien du temps où nous avons été
entièrement séparés Henri et moi ; ce long ,
cet éternel temps que dura votre maladie ,
maman, et que vous m'envoyâtes passer chez
ma tante Pierrepoint. Quand j'étais chez
elle , je ne lisais rien que des contes et des
poésies , et j'entendais ma tante, et les
personnes qui venaient la voir , lire haut
des comédies. On me louait de ce que je
comprenais les traits d'esprit , et de ce
que je récitais bien les vers ; cela fit que
j'aimais beaucoup ces deux choses. Mais
Henri est si grave quand on lui raconte
un bon mot ; d'abord, il ne le comprend
pas, et puis il demande après : « Est-ce
tout ? » Et pour les comparaisons, elles
l'ennuient toujours, il dit qu'elles l'inter-
rompent. »

— « Elles l'ennuient ! mais c'est peut-
être ta faute , si tu les fais mal à propos. »

— « Ça peut bien m'être arrivé quelquefois, maman ; mais il trouve toujours
quelque chose à reprendre : il ne trouve
pas que mes comparaisons soient exactes,
et c'est impatientant. Je ne vois pas pourquoi il tient si fort à l'exactitude. »

— « Probablement parce que, dans les

sciences qu'il étudie, il sent à chaque pas l'utilité, la nécessité de l'exactitude ; sans elle, il ne pourrait pas plus avancer dans ses mesures que dans ses raisonnemens. »

— « Maman, il y a des choses pour lesquelles je comprends la nécessité de l'exactitude. Par exemple, pour mettre une chose en perspective et en proportion, d'après une échelle de proportion, comme vous me l'avez enseigné. L'autre jour, Henri est venu me prier de lui dessiner une carte, et j'ai été bien contente de voir que je pourrais l'aider quelquefois. »

— « Et je suis sûre qu'il sera charmé de t'aider à son tour. Vous savez tous deux différentes choses, que vous pourriez apprendre l'un de l'autre, et pour lesquelles vous vous prêteriez une assistance mutuelle, comme cela se doit entre amis. »

— « Oh je vous remercie, maman ; vous me rendez bien heureuse. Je veux demander à Henri de me montrer le plus vite possible tout ce qu'il a appris, afin que nous puissions continuer à étudier ensemble comme autrefois. Si vous le trouvez bon, maman ? »

— « Très-bon, ma chère Lucie ; mais je t'avertis qu'il ne faut pas t'attendre à aller si vite ; contente-toi d'aller sûre-

ment, et réfléchis qu'il faudra te sou-
mettre à céder le pas à ton frère pendant
quelque temps. Cela pourra bien te sembler désagréable, mais c'est un inconvénient inévitable et qu'il faut savoir sup-
porter. »

— « Eh bien, maman, je le supporterai;
mais, » ajouta Lucie en hésitant un peu,
« il y a encore une autre chose que je voudrais vous dire, pour être tout-à-fait
contente. »

— « Dis-la moi donc, ma chère enfant:
de quoi as-tu peur? ce n'est pas de moi,
j'espère? »

— « Oh non, maman, je n'ai pas peur
de vous; mais je ne suis pas sûre que la
personne qui a dit ce que je voulais vous
répéter, fût bien-aise que vous sachiez
qu'elle a dit cela. »

— « Ne peux-tu pas me raconter la
chose, sans nommer quelqu'un? »

— « C'est vrai, je n'y pensais pas.
Vous saurez donc, maman, qu'un jour,
pendant que j'étais chez ma tante Pierrepoint, elle dit à un monsieur, que papa
m'enseignait toutes sortes de choses scientifiques comme à Henri, mais que depuis
que je demeurais chez elle, je n'apprenais
plus rien de ce genre-là. Et à présent,
vous allez voir, maman !... le monsieur
que je ne veux pas nommer, se mit à rire. »

— « Eh bien, il n'y avait pas grand mal à cela. »

— « Non maman; seulement, c'est qu'il riait d'une certaine manière, et comme en se moquant; puis il dit qu'il était heureux pour moi qu'on m'eût fait interrompre une pareille *instruction :* que j'en serais beaucoup plus aimable, que les femmes n'avaient rien à démêler avec les sciences, et qu'elles ne devraient jamais s'en occuper. Il ajouta que les femmes savantes sont toujours à étaler ce qu'elles savent, ou ce qu'elles ne savent pas. Ce sont ses propres paroles : que les pédantes étaient son *aversion;* et il faisait une mine comme s'il les détestait terriblement. J'étais bien fâchée, je vous assure, qu'il sût que mon papa m'avait donné les mêmes leçons qu'à Henri. Je me sentais toute honteuse, toute effrayée ; je craignais qu'on me trouvât ridicule. Mais à présent, que je suis revenue à la maison, je pense qu'il vaut bien mieux être instruite; car je vois combien papa aime à vous parler des choses scientifiques dont il s'occupe; je vois le plaisir que vous y prenez. C'est pourquoi je veux continuer à étudier avec Henri. Seulement, je souhaiterais que tout le monde fût du même avis là-dessus. »

— « Cela ne se peut pas, ma chère

Lucie : tu trouvèras que beaucoup de gens ont des idées bien différentes sur ce sujet. Mais tous conviendront, avec ton monsieur sans nom, que lorsque les femmes prétendent comprendre ce qu'elles ne comprennent pas, soit dans les sciences, soit en toute autre chose, elles sont absurdes et ridicules. Et si elles parlent, même de ce qu'elles savent, uniquement pour faire parade de leur savoir, elles deviennent ennuyeuses et fatigantes. Il faut donc se bien garder de ces deux écueils. Les femmes doivent éviter de s'entretenir particulièrement de sciences, parce qu'il est rare qu'elles aient sur ce sujet des connaissances exactes et étendues. Elles sont exposées à faire de continuelles méprises, et à ennuyer les autres par leurs questions, ou à faire rire à leurs dépens, en montrant au grand jour leur ignorance et leurs prétentions. »

— « C'est-à-dire, » reprit Lucie, « si elles veulent passer pour savantes ? »

— « Oui, si leur vanité les pousse à afficher leur érudition, elles doivent en accepter les conséquences, et se résoudre à se voir détestées. »

— « Ah mon Dieu, maman, moi qui ai si grand peur d'être détestée ! Mais quand elles n'ont pas de prétentions, est ce qu'elles sont toujours haïes ? »

— « Non, certes, ma chère; du moins pas par les personnes de bon sens. Autant que j'en puis juger, je crois que tout homme éclairé est toujours disposé à aider une femme sans affectation, sans prétention, et qui désire sincèrement s'instruire. Je pense même qu'il lui saura gré de s'intéresser à sa conversation, à ses écrits, et aux objets dont il s'occupe. »

— « En ce cas, maman, j'espère que je ne serai ni orgueilleuse, ni affectée. »

— « Je l'espère aussi, ma chère enfant. Si ton père ne comptait pas là-dessus, il ne voudrait pas t'apprendre un mot de plus sur ce sujet. »

— « J'en serais bien fâchée ; » dit Lucie.

— « Et tu aurais raison : car même avec ton peu d'expérience, tu sens déjà qu'il y a un vrai plaisir à pouvoir suivre et partager les études de ton frère. »

— « Oui, en vérité, maman. »

— « A mesure que tu grandiras, tu t'apercevras chaque jour davantage qu'en augmentant la somme de leurs connaissances, les femmes, non-seulement multiplient leurs moyens d'être d'agréables compagnes pour leurs pères, leurs frères, leurs maris ou leurs amis, si elles sont assez heureuses pour se trouver entourées de personnes instruites ;

mais encore elles se créent une nouvelle
source de jouissances, dans le plaisir
qu'elles trouvent à lire ou à entendre
parler d'expériences curieuses, de découvertes importantes. Elles acquièrent aussi
en cultivant leur esprit, une foule de
moyens pour s'occuper chez elles d'une
manière indépendante. Le plus grand
bienfait du savoir est d'agrandir et d'élever l'ame, en la remplissant d'admiration
et de reconnaissance envers cette bienfai-
sante Providence, qui a établi de si belles
et de si sages lois pour le bien-être et la
conservation du monde. »

— « Oui, maman, » reprit Lucie, « et
après une pause pendant laquelle elle passait en revue tout ce que sa mère lui
avait dit, elle revint à ce qui alarmait
encore son imagination : « Mais pourtant,
j'ai bien peur d'être détestée; et si la
science allait me rendre vaine; c'est là le
danger. »

— « Sans aucun doute; mais autant
que j'ai pu l'observer, les femmes igno-
rantes sont tout aussi vaines, et même
souvent plus que celles qui sont fort instruites. Maintenant que l'éducation est
généralement assez soignée en Angleterre pour que les jeunes personnes aient
le goût de la littérature, et quelques connaissances dans les arts et les sciences,

il y a moins de danger que jamais d'être
tentée de s'enorgueillir de ce qui n'est
plus une distinction particulière. »

— « Oh, maman, j'aurai bien soin de
veiller sur moi. Vous verrez plutôt quand
je serai grande. Je vous remercie bien de
m'avoir expliqué tout cela. »

— « Peut-être, ma chère enfant, qu'une
partie de ce que je t'ai dit est un peu au-
dessus de ton intelligence. »

— « Non, maman, pas du tout. S'il
n'y a pas trop d'amour-propre à le dire,
je crois avoir parfaitement compris. Je
sais ce qui est bien, ce qui est mal,
et je n'aurai plus d'inquiétude. Je suis
si heureuse, si contente, de pouvoir prendre encore de ces amusantes leçons de
papa, et de les prendre avec Henri. Mais
le voilà qui vient, maman, je le vois de
la fenêtre. Il vient le long du sentier qui
mène chez mon oncle... Oh maman ! il
tient un grand bâton, et il s'appuie dessus comme un vieux bon homme de cent
dix ans. »

— « J'espère qu'il ne s'est pas fait mal, »
dit la mère en s'approchant de la fenêtre.

— « Non, non, maman, je crois que
c'est pour jouer. Tenez voilà le vieux bon-
homme qui se met à courir de toutes ses
forces. Je vais descendre pour aller au-
devant de lui. »

Aussitôt que Lucie fut assez près pour se faire entendre, elle demanda à son frère pourquoi il marchait avec la canne de son oncle?

« Ce n'est pas sa canne, » dit Henri, « c'est la mienne; mon oncle me l'a donnée. »

— « La tienne! mais elle est toute neuve; je ne l'avais jamais vue. Comme elle est bien vernie : et quelle jolie pomme! pourquoi donc mon oncle te l'a-t-il donnée, Henri? elle ne peut servir qu'à lui; elle ne te sera bonne à rien. »

— « C'est précisément ce qui te trompe. Je te demande pardon, Lucie : elle me sera tout aussi utile qu'à mon oncle, et du même genre d'utilité encore. »

— « Du même genre d'utilité! mais de quelle utilité enfin? »

— « Devine, » dit Henri.

— « Je suppose que c'est pour t'amuser à faire le vieux, comme tout à l'heure. »

— « Non, c'est d'une véritable utilité que je parle. »

— « Que peux-tu donc en faire? » demanda Lucie. « Tu es trop jeune pour t'en servir pour marcher, et trop vieux pour monter à cheval dessus. »

— « Trop vieux! je crois bien, » dit

Henri avec indignation. « Il y a plus de cent ans que je n'ai monté à cheval sur un bâton : devine encore. »

Lucie voulut alors examiner la merveilleuse canne de plus près, dans l'espoir de découvrir quel pouvait être son mérite ; mais comme Henri semblait ne pas vouloir la laisser sortir de ses mains, elle s'écria :

« Oh je sais ce que c'est : elle est remplie d'argent. C'est comme la baguette que tenait l'homme qu'on jugeait dans Don - Quichotte : Sancho devina qu'elle était remplie d'argent parce qu'il ne voulait ni la lâcher, ni la confier à personne. »

— « Je ne sais pas du tout ce que tu veux dire. D'abord, il n'y a point d'argent dans cette canne. »

— « Eh bien donc, laisse-moi la regarder ; je ne me sauverai pas avec... Tiens, comme elle est pesante ! » remarqua Lucie, « de quel bois est-elle donc ?... en dehors ça ressemble à de l'acajou, mais je n'en ai jamais vu de si lourd. Ce n'est pas que du bois : je parie qu'elle est creuse, et qu'il y a quelque chose dedans. »

— « Finis donc, finis donc ! ne la remue pas comme ça ; ne la tourne pas sens dessus dessous, tu vas la gâter, » cria Henri.

— « Ho ! ho ! il y a quelque chose dedans. J'ai toujours découvert cela. Et tu
dis de ne pas la tourner sens dessus dessous ; comme ce qui était écrit sur le
couvercle de la caisse de porcelaine et de
verrerie, qui est arrivée la semaine dernière : *Casuel, avoir soin de tenir toujours
ce côté en dessus.* Ainsi, je gage qu'il y
a du verre dans ta canne ? Tu ris : j'ai bien
deviné, du verre !... peut-être que c'est
une lunette d'approche... un télescope ?..
ou bien un verre grossissant... un mi-
croscope ?... Non, rien de tout cela ?...
Qu'est-ce que c'est donc ? à quoi peut
servir du verre dans une canne, Henri ? »

— « A beaucoup de choses, comme tu
verras quand tu l'auras deviné. Allons,
cherche encore ; c'est une chose que tu as
déjà vue. »

— « Mais j'ai vu tant de choses ! » dit
Lucie.

— « Oui, mais tu en connais l'usage. »

— « Je connais l'usage de bien des
choses ! dis m'en un peu plus. A quoi ça
sert-il à peu près ? »

— « A peser *quelque chose,* » dit
Henri ; « attends : je ne suis pas sûr qu'on
puisse dire que ça sert à peser une *chose,*
et pourtant... »

— « Je le sais à présent, » s'écria
Lucie ; « ce mouvement que tu as fait de

haut en bas avec ta main comme si tu appuyais sur l'air, me l'a appris. Le *quelque chose* que ça sert à peser, c'est de l'air : c'est un baromètre. »

— « Tu l'as trouvé enfin, » reprit Henri.

— « Et maintenant, je sais ce qui rend ton bâton si lourd : c'est le vif-argent; le mercure. Je me rappelle bien comme ça pèse. Papa me mit un jour dans les mains deux soucoupes de même grandeur, l'une pleine d'eau, l'autre remplie de mercure : il y avait une belle différence entre les deux. Que j'étais donc sotte de ne pas penser à cela d'abord ! j'aurais deviné tout de suite que c'était un baromètre. »

Henri lui montra par où la canne s'ouvrait, et il lui fit voir dans l'intérieur un baromètre et un thermomètre. Il lui expliqua comment le vif-argent était comprimé, de manière à l'empêcher de remuer. Il lui dit que cet instrument se nommait un *baromètre portatif.*

« Oui, » interrompit Lucie; « c'est-à-dire qu'on peut facilement le porter d'un lieu à un autre. Ce doit être bien commode pour les voyageurs. Mais, du reste, il n'est pas meilleur que le baromètre qui est suspendu dans la chambre de papa, ni que celui qui est soutenu sur trois pieds dans la bibliothèque de mon oncle? »

Henri dit qu'il n'était pas sûr que le
sien fût meilleur que les autres pour l'u-
sage ordinaire; pour annoncer les changemens de temps : « mais celui-ci , » ajouta-
t-il, « n'est pas seulement propre à cela;
il a encore une autre destination. ».

— « Laquelle donc? »

— « Avant tout, laisse-moi te dire
pourquoi mon oncle me l'a donné : c'est
parce qu'il était content que je me fusse
donné de la peine, il y a deux ans, pour
comprendre ce que c'était qu'un baromètre, et parce qu'il a vu que je m'en souve-
nais bien. Alors il m'a dit d'essayer de
découvrir l'usage particulier de ce baromètre portatif. »

— « Et l'as-tu découvert, Henri? »

— « Oui, mais l'on m'a aidé. Papa, qui
était présent, m'a mis sur la voie. J'étais
bien stupide d'abord : mes idées s'en allaient d'un côté tout opposé; papa, qui est
si bon et si patient, me ramenait toujours
au bon point : ça n'allait pas encore bien
vîte. Mon oncle crut que je ne pourrais
jamais en venir à bout; il dit que c'était
trop difficile, et qu'il fallait que papa me
l'expliquât. Mais papa ne voulut pas, parce qu'il était sûr que je finirais bien par
le trouver tout seul. Cela m'encouragea :
j'essayai, je me mis à penser tout de plus
belle, et mon oncle cessa de se promener.

de long en large dans la chambre, comme
il faisait quand je l'impatientais par ma
bêtise. Il fut assez bon pour prendre patience aussi. »

— « C'était très-bien de sa part! » dit
Lucie. « Je sais qu'il est fort difficile d'être
patient avec les gens qui sont lents à trouver une chose, surtout quand on la sait soi-
même. On a si grande envie de la leur dire,
ou de les pousser tout près. »

— « Papa ne m'a point *poussé*, » reprit
Henri : « cela m'aurait jeté par terre; mais
il attirait mon esprit en avant par ses
questions, il m'aidait doucement, pas à-
pas, comme il sait si bien le faire; et à la
fin, il me l'a laissé trouver tout-à-fait
seul et de moi-même. »

— « Eh bien! tu peux faire la même
chose pour moi, Henri? »

— « Je veux bien essayer. »

— « Merci. Mais premièrement laisse-
moi te conter tout ce que j'ai dit à maman, et tout ce qu'elle m'a répondu. »

Elle lui répéta sa conversation du mieux
qu'elle put, et elle finit en disant : « Maman m'a permis de continuer à étudier
avec toi, Henri, comme nous faisions autrefois; et elle a dit qu'elle pensait que tu
serais assez complaisant pour me faire
regagner le temps perdu en m'apprenant
tout ce que papa t'a enseigné. »

— « Je veux bien. »

— « J'espère que je ne te donnerai pas beaucoup de peine, et que je ne serai pas trop sotte. »

— « Non, non, Lucie. Je suis bien sûr que tu me comprendras. Il ne faut pas te mettre à penser que non : c'est une très-mauvaise manière, parce que la crainte qu'on a d'être sotte, et de ne pas bien comprendre, remplit la tête, et empêche qu'on fasse attention à ce qu'on vous demande et à ce qu'on vous dit. A présent, Lucie, supposons que tu es au fond d'un puits très-profond. »

— « Si j'étais au fond d'un puits, eh bien, je trouverais la vérité ; tu te souviens bien du proverbe que nous citait toujours M. Cranbourne : « La vérité est au fond d'un puits. »

— « Ce sont des bêtises, Lucie ! » s'écria Henri ; « si tu veux faire de l'esprit, et conter ce que dit M. Cranbourne, je ne commencerai même pas à te parler du baromètre. »

— « Eh bien, je ferai plus attention. Supposons donc que je suis au fond d'un puits. Mais ne serais-je pas noyée ? » ajouta-t-elle à demi-voix.

— « C'est vrai ; j'aurais dû dire au fond d'un grand creux, et non pas d'un puits. »

— « Oh, c'est une autre affaire ! » interrompit encore Lucie, « j'aime mieux cela. Eh bien, donc, je suis au fond d'un grand creux. »

— « Oui. Et lequel croirais-tu le plus pesant, de l'air qui serait au fond de ce creux, ou de celui qui est sur le haut d'une grande maison? »

— « Je crois que celui du creux serait plus pesant. »

— « Pourquoi? » demanda Henri.

— « Oh! mon cher, c'est une question bien facile. »

— « Réponds-y toujours, » dit Henri.

— « Parce que, au fond du creux, l'air qui y est déjà est ajouté à l'air qui est au-dessus, et on pourrait aussi y ajouter tout celui qui atteint jusqu'au haut de la maison. »

— « Je crois que tu comprends. Supposons que tu aies ce baromètre au fond du creux, penses-tu que le mercure s'élèverait ou descendrait?.. Ma chère Lucie, je t'en prie, réfléchis avant de me répondre. »

Lucie fit une pause et dit : « Je pense qu'il s'élèverait. »

— « Très-bien. A présent si tu l'emportais au haut de la maison, monterait-il ou descendrait-il? »

— « Il descendrait, » répliqua Lucie.

— « Pourquoi? »

— « Parce que alors le poids qui presserait le vif-argent dans la coupe serait moindre, et par conséquent il entrerait moins de vif-argent dans le tuyau ou tube. »

— « Fort bien, en vérité, Lucie; je vois que tu te rappelles tout ce que papa nous a enseigné sur le baromètre. A présent, supposons que le creux ait soixante pieds de profondeur, et que la maison ait quarante pieds de haut : quarante et soixante font cent, comme tu sais. »

— « Certainement, » dit Lucie. « Eh bien ? »

— « Eh bien, il faut aller lentement. Supposons que tu remarques exactement de combien le vif-argent est descendu quand tu l'as porté du fond du creux sur le haut de la maison, tu auras une mesure par laquelle tu pourras juger de toute la hauteur et de toute la profondeur. »

— « Je comprends. Je vois l'usage du baromètre, » s'écria Lucie. « C'est très-utile. »

— « Tu ne vois pas encore tout. En remarquant ceci, tu saurais non seulement de combien le vif-argent descend à une différence de cent pieds, mais en divisant cette mesure, et en en faisant une échelle, tu pourrais savoir la même chose ensuite, n'importe pour quel nombre de pieds, et.

à quelle hauteur tu placerais le baromètre : et tu aurais ainsi un moyen facile de
mesurer la hauteur des montagnes. »

— « Que c'est bien inventé ! que c'est
donc commode ! » dit Lucie. « A présent, je comprends à merveille l'utilité
d'un baromètre portatif. »

— « Pas encore parfaitement. Il y a
beaucoup d'autres choses à apprendre sur
les différens degrés de chaleur, de température, sur la raréfaction de l'air. Mais je
ne veux pas entreprendre de t'expliquer
tout cela, d'autant plus que je ne suis pas
bien au fait moi-même. Tu sais toujours
l'idée générale, les premières notions du
baromètre, et papa dit que c'est tout-à-
fait assez pour la première fois. »

— « Tout-à-fait assez pour moi, du
moins, » reprit Lucie. « Merci, Henri,
de ne pas m'en avoir dit davantage. »

CHAPITRE II.

La Discussion; la Visite au Clocher.

———

— « Oh ! combien je voudrais que nous eussions une montagne à mesurer avec mon baromètre portatif ! » s'écria Henri.

— « Mais, » dit Lucie, « nous aurons beau souhaiter une montagne, elle ne viendra pas plus au-devant de nous, que de Mahomet. »

— « Mahomet ! » répéta Henri, « que veux-tu dire ?

— « Ne sais-tu pas, Henri, qu'on a coutume de dire : puisque la montagne ne veut pas venir à Mahomet, il faut bien que Mahomet aille trouver la montagne ? Tu étais là, quand je l'ai lu tout haut à maman, dans notre Histoire Universelle ; ne t'en souviens-tu pas ? »

— « Non, je l'ai oublié. Il y a une foule de choses que tu te rappelles mieux que moi, Lucie. »

— « Oh ! mais aussi, il y a une foule de choses que je ne comprends pas moitié si bien que toi. De sorte que, comme l'a dit maman, nous pouvons nous aider l'un l'autre ; et avec le temps, nous en saurons chacun le double. Comme ce sera commode, mon cher Henri, et comme nous serons heureux ! »

— « Très-heureux ; mais nous ne pouvons pas être toujours ensemble. Ainsi il faut que nous tâchions de nous rappeler ce que nous avons besoin de savoir ; ou sans cela ce serait très-incommode, quand nous serions séparés. »

— « Oh ! nous ne serons pas séparés de bien long-temps, » reprit Lucie, « papa disait hier à maman, et je l'ai entendu, que tu n'irais pas en pension de si tôt. »

— « J'en suis bien aise, » dit Henri, « car je suis si heureux d'étudier ici avec papa, et avec toi, Lucie ! Mais, ma chère, revenons-en donc à Mahomet ; car je n'aime pas à laisser passer une chose, sans comprendre le moins du monde ce qu'elle signifie. »

— « Oh bah ! ça n'en vaut pas la peine, » dit Lucie, « ce n'est qu'un peu d'esprit. »

— « Mais, ne peux-tu pas me l'expliquer ? »

— « Non ; c'est si facile, que si tu ne le comprends pas tout de suite, je ne peux pas le rendre plus clair. »

— « Essaie, » reprit Henri.

— « Ça veut dire seulement que Ma-

2*

homet fut assez fou pour commander à
une montagne , par manière de bravade,
de venir à lui ; et comme tout le monde
attendait pour voir si la montagne lui
obéirait, et viendrait à son ordre, et
qu'elle ne bougeait pas, il s'en tira par
une gasconnade, en disant que puisque
la montagne ne venait pas , il fallait bien
qu'il allât la trouver. »

— « Est-ce là tout? » demanda Henri ;
« mais tu m'avais dit que c'était un proverbe. »

— « Oui ; ça passa ensuite en proverbe.
Quand une personne fait de grandes pro-
messes , ou propose d'accomplir quelque
chose qui semble beau et difficile, et
qu'elle ne peut pas véritablement exécuter, et qu'elle s'en tire en faisant une
chose toute simple et toute ordinaire ,
on dit que c'est comme Mahomet et la
montagne. »

— « Merci, » dit Henri d'un ton in-
souciant, comme s'il eût dit : « merci
pour pas grand' chose. Mais je ne comprends pas bien encore ce que cette histoire a de commun avec le souhait que je
faisais de pouvoir mesurer une montagne
avec mon baromètre portatif. »

— « Oh ! mon cher Henri, ne prends
pas un air si grave pour cela. »

— « J'ai l'air grave seulement, parce

que je cherche à comprendre en quoi cette histoire s'applique à ce que je disais. »

— « Eh ! bien , supposons qu'elle ne s'y *applique* pas , comme tu dis, » reprit Lucie, après avoir réfléchi quelques instans, « et n'en parlons plus du tout. »

— « Dis-moi seulement comment ça t'est venu dans l'esprit ? »

— « Je ne peux pas te l'expliquer. Quand tu as dit que tu voudrais que la montagne vînt te trouver... »

— « Non, non, » interrompit Henri, « ce n'est pas là *exactement* ce que j'ai dit. »

— « Exactement , ou non , qu'est-ce que ça fait pour une pareille chose, mon cher Henri ? Tout ce que je sais , c'est que dans ce que tu disais , tu as parlé d'une montagne , et le son du mot m'a remis en tête Mahomet et sa montagne. »

— « Le son du mot ! » s'écria Henri ; « ainsi, après tout , voilà ce qui t'a rappelé cette histoire qui n'avait rien de commun avec mon souhait ; et j'ai passé tout ce temps à essayer de trouver du bon sens où il n'y en avait point ! »

— « Je t'ai averti tout d'abord que c'était une bêtise. »

— « Tu m'as dit, au contraire, que c'était de l'esprit. »

— « Eh ! bien, mon cher, quand on essaie d'expliquer l'esprit, vois-tu, il arrive souvent que ça n'a plus de bon sens. »

— « Alors à quoi sert l'esprit? à quoi est-il bon ? »

— « Si on le comprend de suite, c'est très-amusant, » dit Lucie.

— « Mais si, moi, je ne peux pas le comprendre de suite ? »

— « Eh bien ! je ne peux rien y faire. »

— « C'est bien impatientant, » dit Henri.

— « Oui, surtout pour moi. Voilà une heure que je suis là à essayer de te l'expliquer ; mais en expliquant comme cela, l'esprit s'en va, et il n'y a plus de plaisir. »

— « Ce n'est toujours pas ma faute, Lucie. »

— « Si, Henri : c'est ta faute, vois-tu ; c'est parce que tu ne comprends pas d'abord. »

— « Tu répètes toujours la même chose, ma chère Lucie. »

— « Parce que c'est la vérité, mon cher, et que je n'ai rien autre chose à te dire. »

— « Et moi, je te ferai toujours la même réponse. Si je ne le comprends pas, c'est que je ne le peux pas. »

— « Et moi, j'en reviens, Henri, à te dire que je n'y peux rien faire. »

— « C'est ce qui s'appelle argumenter dans un cercle, comme dit papa, » remarqua Henri.

— « Je ne sais pas ce que veut dire argumenter dans un cercle, » répliqua Lucie; « mais je suppose que c'est quelque chose pris dans Euclide. »

— « Non, ma chère; Euclide ne raisonne jamais *dans* un cercle, mais *sur* les cercles. »

— « *Dedans*, ou *dessus*, ça - m'est égal, » dit Lucie, « n'en parlons plus : je déteste de parler si long-temps de la même chose. »

— « Et moi, j'aime à m'en tenir à une chose, jusqu'à ce que je la comprenne bien, » reprit Henri.

— « Mais quand tu ne peux pas en venir à bout! Tu es si lent, Henri, pour deviner les choses d'esprit. »

— « Je suis peut-être un peu lent; mais rappelle-toi, Lucie, que tu es convenue toi-même à la fin, que cette histoire ne s'appliquait à rien de ce que j'avais dit; ainsi, comment aurais-je pu la comprendre? »

— « Eh bien ! je l'avoue; mais cette excuse n'est bonne que pour cette fois-ci. »

— « Je parie bien que j'en trouverai une autre la prochaine fois, » reprit Henri.

« Mais regarde donc , Lucie , ces deux hommes qui portent cette longue échelle à travers de la prairie. Je voudrais bien savoir ce qu'ils vont en faire. »

Ils allaient la porter à l'église du village , dont le clocher avait besoin de réparations. Son père suivit les ouvriers , et Henri lui demanda s'il pouvait l'accompagner avec Lucie. Dès qu'il en eut obtenu la permission , il courut chercher son baromètre portatif , qu'il espérait pouvoir essayer au haut du clocher.

Il y avait dans l'église un escalier tournant qui conduisait à la galerie , mais une fois là , on ne pouvait arriver au sommet de la tour que par une échelle. Les ouvriers l'attachèrent et la fixèrent du mieux qu'ils purent , et le père de Henri monta. Henri voulait le suivre , mais il lui dit d'attendre , parce qu'il n'aurait le temps de s'occuper de lui, qu'après que l'affaire pour laquelle il venait, serait terminée.

« Mon cher Henri », reprit Lucie, « je crois que c'est très-dangereux. Tu ne pourras jamais aller si haut; j'ai presque peur en regardant monter papa : ça me fait tourner la tête. »

Et quand son père l'appela , elle le retint par le pan de son habit, en disant : « En vérité, Henri, tu ferais mieux d'y renoncer. »

« Y renoncer! oh non : » c'est ce qu'il n'eût pas fait pour un empire. Il commença donc à monter à l'échelle avec son baromètre à la main; mais son père lui cria de s'arrêter, et lui commanda de donner le baromètre à un des maçons qui était derrière lui. Il pria alors cet homme de se charger de l'instrument, et de suivre son fils jusqu'en haut.

« Oh mon Dieu! papa, vous savez bien que je suis habitué à monter à l'échelle sans que personne prenne soin de moi. »

« Faites ce que je vous ordonne, ou vous ne monterez pas du tout, » dit le père. Henri obéit; et lorsqu'il fut aux derniers échelons, il sentit que son père avait eu raison; car, quoique accoutumé de bonne heure à monter à l'échelle, il n'avait jamais essayé sur une à beaucoup près aussi haute. Il éprouvait une sensation d'étourdissement extraordinaire. Il était bien aise que l'ouvrier le suivît de près, il se tenait ferme aux deux côtés de l'échelle, plaçait son pied avec précaution, et saisit enfin la main de son père qui l'attendait en haut. Parvenu, sain et sauf, sur la plate-forme de la tour, il regarda autour de lui, et quand il baissa les yeux à terre, sa tête recommença à tourner, et il se passa quelques momens avant qu'il fût assez remis pour pouvoir penser même à son baromètre portatif. Alors, il se rappela que dans sa hâte il avait oublié de marquer à quelle hauteur était le mercure pendant qu'il était à terre. Il ne se souciait pas de redescendre tout de suite pour remonter après. Il lui vint donc à l'esprit que s'il marquait la hauteur à laquelle était le vif-argent sur le sommet de la tour, et qu'il examinât ensuite de combien de degrés il monterait quand lui, Henri, serait redescendu, cela reviendrait absolument au même. Mais, il y avait encore un obstacle : il avait laissé son papier et son crayon entre les mains de Lucie. Il écrivit les chiffres sur un morceau d'ardoise que tenait un des ouvriers. Après être resté un peu de temps sur la plate-forme, il se trouva tout-à-fait à l'aise et put penser tout aussi bien que sur la terre ferme. Comme il allait commencer à descendre, il fut un peu effrayé et tressaillit, en entendant Lucie lui crier : « Henri! oh Henri! prends bien garde! »

Son père l'arrêta, dit à Lucie qu'elle était une sotte d'appeler ainsi, et la pria d'entrer dans l'église et d'y attendre qu'ils fussent descendus; ce qu'elle fit, jusqu'à ce que, à sa grande satisfaction, elle vit son père et Henri mettre pied à terre sans accident.

En examinant le morceau d'ardoise sur lequel il avait fait ses chiffres, et qu'il avait mis dans sa veste en descendant de l'échelle, Henri s'aperçut qu'ils étaient si complètement effacés, qu'il était impossible d'y rien comprendre.

Lucie, craignant surtout qu'il ne fût tenté de remonter, était tour-à-tour certaine qu'un des numéros était un huit, un neuf, un six, ou rien du tout.

Cela ne faisait pas l'affaire de Henri : il fallait absolument remonter. Son père lui dit qu'il avait raison ; cette fois il écrivit soigneusement le degré auquel était le baromètre avant de se mettre en route, et il emporta son crayon et son papier. Son père eut la complaisance de l'accompagner ; tout se fit en règle, et Lucie ne dit pas un mot jusqu'au moment où il mit le pied sur le dernier échelon.

Maintenant, il savait avec précision de combien le vif-argent avait baissé, sur le haut de la tour, et à quel degré il était sur la terre. Henri dit qu'il voulait comparer les distances avec une table de mesures qu'il avait au logis, et avec laquelle il diviserait la hauteur, en pieds et en pouces.

Il est à remarquer que dans cette occasion et dans plusieurs autres, le savoir de Lucie en arithmétique et la facilité avec laquelle elle comptait, étaient d'un grand secours à son frère, quand il fallait en venir aux calculs. L'habitude d'écrire ses chiffres exactement au-dessous les uns des autres, chacun dans leurs colonnes, de tirer des lignes droites, et de faire de petits chiffres bien nettement, facilitait beaucoup le travail quand Henri dictait à la hâte plusieurs sommes à la fois, ou lorsqu'il priait sa sœur de lui copier clairement ses griffonnages, et de les classer par addition, multiplication, soustraction, et division.

Dans la circonstance dont il s'agit, les difficultés se multipliaient, et Lucie passa un quart d'heure assise près de Henri, à écrire, et à effacer des chiffres sur une ardoise, se conformant tour-à-tour aux ordres les plus opposés.

« Lucie, ma chère, écris 452... bien. A présent, soustrais cette somme de 930... as-tu fini ?...

— « Attends un moment... tout-à-l'heure.... oui. »

— « Ah mon Dieu, je voulais dire *d'additionner* cela ensemble, et je me suis trompé: je t'ai dit de faire une soustraction. Non, additionne-le. »

— « Bien, c'est fait. »

— « Maintenant multiplie cela par... non, attends... d'abord il faut que ce soit divisé... arrête donc... je ne comprends rien à cette table. Il y a ici quelque chose sur la hauteur au-dessus du niveau de la mer, que je ne peux pas expliquer. Puis, qu'est-ce que c'est que ceci sur *l'expansion*, » continua-t-il, en lisant. « Oh, ma chère Lucie, nous allons tout de travers. Je ne sais pas ce qu'il faut compter pour le thermomètre; et voici un calcul sur l'expansion et la proportion, et Dieu sait encore quoi ! Oh ! nous nous sommes trompés... je ne sais plus où j'en suis. »

Lucie s'en était doutée dès le commencement, mais elle avait un trop bon caractère pour le dire : et comme elle s'était bien acquittée de tout ce qu'elle avait fait, elle trouva facile d'avoir de la patience. Henri courut chercher dans une Encyclopédie savante l'article du *baromètre portatif :* mais il se déroula devant lui, une si grande quantité de tables, de fractions, de signes algébriques, couvrant les pages in-quarto, qu'il en fut tout-à-fait confondu et découragé. Lucie se tenait immobile à ses côtés dans un silence de stupéfaction. Enfin, il fit la remarque qu'il y avait une grande différence entre avoir une notion générale d'une chose, et la connaître à fond. « Je croyais comprendre parfaitement l'usage de ce baromètre ; mais quand j'en viens à l'essai, je vois que je ne peux pas bien l'expliquer ! »

— « C'est trop difficile, » dit Lucie ; « tu ne feras que t'embrouiller davantage. » Et elle voulut fermer le livre.

— « Non, non, je veux essayer de le débrouiller, et quand papa viendra, il m'aidera, et me montrera ma méprise. »

En effet, quand son père arriva, il lui donna quelques avis, et avec son aide, et un peu de patience, les obstacles furent bientôt levés.

« Mais après tout, » reprit Lucie, « quoique tu aies trouvé à la fin la hauteur juste de l'église, il était fort difficile d'en venir là avec tous ces calculs. N'aurait-il pas été bien plus aisé de mesurer le clocher en jetant du haut une ficelle avec un poids, un à plomb, comme je crois qu'on l'appelle : ensuite tu aurais mesuré la ficelle, et ça ne t'aurait donné aucune peine. »

— « C'est très-vrai ! » dit Henri, « c'eût été le moyen le plus facile dans ce cas-ci, parce que nous pouvions monter de suite sur la plate-forme, et laisser filer la corde jusqu'en bas : mais pense donc, Lucie, quand il faut mesurer de hautes montagnes toutes crochues, qui ont plusieurs lieues de hauteur, et qui ont des inégalités en dedans, en dehors, des hauts, des bas, comme ce serait difficile ! d'ailleurs, le baromètre portatif ne me

donnera plus tant de peine à présent :
c'était parce que je m'en servais pour la
première fois, et je suis bien content que
nous ayons vaincu la difficulté. »

— « Tu es trop bon en vérité de dire
nous, car je n'ai rien fait qu'écrire les
chiffres, et faire les additions, » répliqua
Lucie.

— « Mais cela m'a beaucoup aidé, et
je te remercie de l'avoir fait si patiemment. Tu n'as pas bâillé plus de six fois.
Et à présent, ma chère Lucie, si nous
avions seulement une petite montagne à
mesurer ! »

— « Combien nous serions heureux de
pouvoir grimper ensemble jusqu'au haut ! »
dit Lucie.

CHAPITRE III.

Lucie fait une première découverte, et invente une machine.

——————

— « Lucie, tes cheveux tombent sur tes yeux ce matin, » dit sa mère.

— « Oui, maman, » reprit Lucie, « parce qu'ils sont tout-à-fait débouclés. »

— « Avais-tu mis des papillottes hier soir, Lucie? »

— « Oui, en vérité, maman; et ils bouclaient très-bien ce matin; mais je suis sortie de bonne heure pour aller au-devant de mon oncle, qui devait venir déjeûner, et pendant que j'étais dehors mes cheveux sont devenus tout droits comme vous les voyez. La cloche du déjeûner a sonné et je n'ai pas eu le temps de les reboucler. »

Sa mère était bien aise que Lucie n'eût point négligé de mettre ses papillottes le soir avant de se coucher; ce qui lui arrivait quelquefois.

Son père lui demanda si elle savait ce

qui avait défrisé ses cheveux pendant sa
sortie.

— « L'humidité du matin, papa, » dit-
elle : « *mes* cheveux se débouclent toujours par un temps humide. »

— « Il en est de même des miens,
Lucie, » reprit sa mère ; « il n'y a pas
que *tes* cheveux qui se défrisent à l'humidité. »

— « Mais Lucie que veux-tu dire en
disant que tes cheveux se débouclent, »
demanda son père.

— « Qu'ils deviennent comme vous
les voyez, papa; qu'ils pendent tout droits
sur mon visage. »

— « Tu dis que c'est l'air pluvieux du
matin qui les a défrisés; sais-tu pourquoi,
ou comment cela se fait? » dit son père.

— « Non, papa, pas le moins du monde ;
je voudrais bien que vous eussiez la bonté
de me l'expliquer. »

— « Quand tes cheveux sont bouclés,
chaque cheveu s'étend à l'extérieur de
la boucle et se resserre à l'intérieur, ses
parties se pressant pour faire un rond
plus étroit et se relâchant dans le rond
qui enveloppe. Donne-moi cette pelote
de ficelle. »

Elle était tordue un peu lâche. Il en
prit un bout, le tourna en rond, et il lui
montra que dans l'intérieur du cercle les

parties sont pressées, et qu'à l'extérieur elles sont dilatées.

— « A présent, je vois, » dit Lucie, « et vous voulez dire, papa, qu'il en est de même pour mes cheveux quand je les boucle. Mais je ne comprends pas encore comment l'humidité les redresse. »

— « C'est ce que tu vas voir de suite, » reprit son père, et il trempa la boucle de ficelle dans une tasse d'eau : quand elle fut mouillée, elle devint droite.

— « Oui, elle s'est débouclée comme mes cheveux, » dit Lucie, « mais pourquoi? »

— « Regarde, et tu verras que l'eau a rempli tous les intervalles que tu as remarqués entre les différentes parties de la ficelle. Et, il faut que tu saches qu'il y a dans tes cheveux et dans tous les cheveux possibles, des pores, ou petits vides, que l'humidité remplit comme les intervalles de cette ficelle : ils absorbent l'humidité de l'air comme cette ficelle absorbe l'eau, et tu vois que les pores sont remplis à l'intérieur aussi bien qu'à l'extérieur. »

— « Merci, papa, » dit Lucie, « c'est très-drôle! je suis vraiment bien aise de savoir pourquoi mes cheveux se débouclent, c'est toujours une consolation. A présent je le comprends tout. »

— « Non, pas tout. Il y a une propriété des cheveux que tu ne connais pas encore; c'est que, lorsqu'ils sont mouillés, c'est-à-dire lorsque les pores sont remplis d'humidité... »

— « Je vois, papa : vous voulez dire qu'ils gonflent et qu'ils deviennent plus épais, tout comme cette corde. »

— « Pas exactement comme cette corde, Lucie; cette ficelle s'accourcit à mesure qu'elle s'enfle; mais plus le chevéu est humide, plus il s'allonge. Tous les cheveux humains prennent facilement l'humidité. »

— « Très-facilement, en vérité, » dit Lucie, séparant ses boucles défaites sur son front, et essayant de les empêcher de tomber sur ses yeux. « Je n'ai pas été dehors plus de dix minutes, et cependant vous voyez comme mes cheveux sont droits. Vous avez bien raison de dire, papa, que les cheveux humains prennent aisément l'humidité. »

— « Oui, fort heureusement; » reprit Henri.

— « Fort heureusement; » répéta Lucie, « dis donc plutôt malheureusement : quel bonheur trouves-tu à cela ? »

— « J'ai une raison, et une bonne, » dit Henri. « Il est heureux que les cheveux aient cette propriété, pour une chose utile à tout le monde; aux hommes, aux femmes , et surtout aux savans. »

— « Heureuse et utile ! » s'écria
Lucie. « Mais, mon frère , qu'est-ce qu'il
peut donc y avoir d'heureux ou d'utile
pour toi, ou pour les savans en particulier , ou pour n'importe qui , à ce que mes
cheveux se défrisent si facilement quand
le temps est à la pluie ? »

— « Non pas tes cheveux seulement,
Lucie, mais tous les cheveux en général, »
dit Henri.

— « De quelle utilité est-ce donc que
les cheveux de tout le monde se défrisent
comme les miens? à quoi cela peut-il servir, si ce n'est à donner l'air malheureux
et misérable , comme maman dit que je
l'ai , quand mes cheveux sont mal peignés?
quel bien cela peut-il faire aux savans,
ou à qui que ce soit? »

— « Tu ne me comprends pas, » dit
Henri en souriant, « n'as-tu jamais entendu parler d'un hygromètre ? »

— « Un hygromètre! oui, oui, j'en ai
souvent entendu parler. Il n'y a pas
si long-temps que papa t'en parlait à toi-
même, et que vous lisiez tous deux beaucoup de choses là-dessus. C'était mer-
credi... non... c'était jeudi dernier. »

— « Peu importe, ma chère, » interrompit son père; « l'essentiel n'est pas
de savoir quel jour tu m'as entendu lire

et parler là-dessus : sais-tu, ou ne sais-tu pas ce que c'est qu'un hygromètre? »

Lucie avoua qu'elle ne savait pas exactement ce que c'était; mais elle pensait que ça devait avoir quelque rapport avec un baromètre et un thermomètre, parce que cela finissait en *mètre;* et elle se rappelait que son père lui avait dit, il y avait long-temps, que *mètre* voulait dire *mesure,* et venait de quelque mot grec qui signifiait mesurer ; elle supposait donc qu'un hygromètre devait être une machine ou un instrument propre à mesurer quelque chose; mais elle ne savait pas quoi ; elle devina que ce *quelque chose* avait rapport à l'air.

Son père lui dit qu'elle avait bien deviné le but de l'instrument. Il lui apprit qu'il servait à mesurer l'humidité de l'air : et que le nom d'hygromètre se composait de deux mots grecs, *hugros,* humide, et *metron,* mesure.

Lucie aimait ce nom qui contient, comme elle le remarqua, l'histoire de la chose qu'il désigne ; et maintenant qu'elle savait cela, elle était bien sûre de ne jamais l'oublier.

Leur oncle n'était point encore venu pour déjeûner, et leur père commençant à lire le journal à leur mère, Henri et Lucie se retirèrent à l'extrémité de la chambre pour causer ensemble.

— « A présent tu sais pourquoi je disais qu'il est très-heureux que tes cheveux se débouclent si facilement à l'humidité, » dit Henri. « Tu as remarqué toi-même que tu pouvais toujours savoir par tes cheveux, quand il doit pleuvoir ou non ; si l'air est humide ou non. »

— « Ainsi donc, mes cheveux sont un hygromètre, » dit Lucie : « je suis sûre que s'ils pouvaient parler grec, ils diraient, *hygromètre;* ou, en bon français, *je mesure l'humidité.* »

— « Il est très-vrai que c'est ce qu'ils font, » reprit Henri ; « mais, par exemple, tu ne sais pas encore exactement à quel degré le temps doit être humide ou pluvieux; le sais-tu ? »

— « Oui; dans les jours très, très-humides, mes cheveux sont tout-à-fait débouclés, comme tu les vois maintenant, et tombent tout-à-fait droits; mais ils ne font que se défriser un peu, les jours où il n'y a qu'une petite brume, où il brouillasse. »

— « Une petite brume, où il brouillasse, » répéta Henri, « c'est très-bien pour causer; mais cela ne dit pas exactement combien il fait humide : Je ne sais pas non plus quel degré d'humidité tu entends, quand tu dis qu'il brouillasse. »

— « Bast ! » dit à demi-voix Lucie.
Henri ne voulut pas sourire.

— « Tu ne m'as pas encore expliqué, »
reprit-il gravement, « comment l'hygromètre peut indiquer la mesure de l'humidité exactement. »

— « C'est que je ne le sais pas exactement, mon frère. Mais supposons, par
exemple, que tu connaisses la longueur
d'un de mes cheveux, quand il est tout-à-
fait sec ; hé bien, dans le temps humide où
il est mouillé et droit, tu pourrais le
mesurer pour savoir de combien il s'est
allongé par l'humidité. »

— « Je pourrais le mesurer ; oui, mais
comment ? »

— « Tu pourrais voir si mes cheveux
descendent jusqu'à mes sourcils, ou seulement jusqu'ici, ou bien ici, » dit Lucie
en touchant différens points de son front.
« Si j'avais un miroir, je le mesurerais
toute seule. »

— « Cela se pourrait à la rigueur ;
mais en tout cas ça ne servirait qu'à
toi ; et encore ne serait-ce pas trop commode, puisque, pour marquer tes degrés, il faudrait que tu eusses toujours
de vilaines taches sur le front. »

— « Je n'aimerais pas cela, » dit Lucie,
« ni maman non plus, j'en suis sûre. »

— « D'ailleurs, » continua Henri, « il

serait fort ennuyeux pour moi de courir toujours après toi, avec un compas et ma règle, pour mesurer.. tes cheveux et l'échelle qui serait sur ton front. Ce serait un hygromètre passablement incommode. »

— « Oui, j'en conviens, » dit Lucie ; « puis, à ce que je suppose, tu m'arracherais tous les cheveux en les mesurant comme cela un à un ; et j'aurais une peur horrible que tu me crèves les yeux avec les pointes de ton compas quand tu viendrais pour mesurer les degrés sur mon front. Je ne me soucierais pas du tout d'être ton hygromètre. »

— « J'aimerais bien mieux en avoir un qui restât toujours tranquille et que je pusse suspendre dans ma chambre, » reprit Henri ; « ou bien, encore plutôt, un que je pourrais porter dans ma poche. Tâche de trouver cela pour moi ; imagine un peu comment tu t'y prendrais. Moi j'ai bien trouvé le moyen d'en faire un. »

— « En vérité, mon frère ? et crois-tu que je puisse le trouver aussi ? »

— « Oui, si tu y penses bien et si tu continues long-temps à y penser. »

— « Hé bien donc je vais chercher. Mais dis-moi exactement à quoi il faut que je pense et ce qu'il faut faire. »

Henri s'arracha un cheveu, et le posa

sur une feuille de papier blanc devant Lucie. « Là, » dit-il, en l'étendant, « tu vois sa longueur ; nous supposerons que ce cheveu est aussi sec que possible. Je vais le tremper dans cette cuvette d'eau. A présent qu'il a été mouillé, il est plus long qu'avant. »

— « Oui ; mais nous voulons savoir de combien il est plus long, » reprit Lucie ; « eh bien, il n'y a qu'à le poser sur cette feuille de papier, et à mesurer, aussi exactement que nous pourrons, de combien il est plus long quand il est mouillé, que lorsqu'il est tout-à-fait sec. »

— « Fort bien ! et je puis te dire que tu le trouveras allongé de la quarantième partie de sa longueur totale. Tu auras alors la mesure parfaite de l'extrême humidité à l'extrême sècheresse. »

— « Et, » interrompit Lucie, « je puis diviser la distance qu'il y a sur le papier entre les deux points noirs, qui servent à marquer sa première longueur, quand il était sec, et la seconde, quand il était mouillé ; et si elle est divisée avec exactitude, ce sera ce que tu appelles une échelle : et on pourra mesurer de combien le cheveu s'allonge ou s'accourcit, selon les différens degrés de la température. »

— « Très-bien, en vérité ! » s'écria Henri. « Et cette échelle sur le papier vaudra mieux, comme tu vois, que celle que tu voulais faire sur ton front. Voilà un point de fixé. »

— « C'est autant de gagné, » reprit Lucie. « A présent que reste-t-il encore à faire? »

— « A présent, il faut trouver comment, sans se donner continuellement la peine d'arracher mes cheveux ou les tiens, de les mouiller, de les sécher, de les mesurer, nous pourrons savoir tous les jours, à toute heure, quelque temps qu'il fasse, jusqu'à quel point l'air est humide, ou combien d'humidité il contient. »

— « Si je pouvais faire en sorte que le cheveu se mesurât tout seul, et trouver un moyen de marquer, ou de montrer, jusqu'où il se retire, ou s'allonge sur ce papier, selon le temps. »

— « Oui, si tu le pouvais, » dit Henri : « c'est-là la question. »

— « Supposons que j'aie un très, très, très-petit poids; si petit que ce cheveu pourrait le soutenir sans se casser; alors je l'attacherais à un des bouts, et je suspendrais le cheveu à l'autre bout par quelque chose, comme par un fil d'archal enfoncé dans le mur; et je mettrais ce papier sur lequel est notre échelle contre le mur, juste au-dessous du poids, et en y regardant bien, on verrait de combien le

cheveu s'est retiré ou allongé, quelque
temps qu'il fasse, sec ou pluvieux. »

— « Papa! papa! » s'écria Henri, « voilà Lucie qui en est venue au même point
que moi, la première fois que j'essayai de
faire un hygromètre. »

Lucie prit un air très-satisfait d'elle-
même, et toute joyeuse de l'approbation
de son frère, elle s'écria :

— « Est-ce que j'ai réellement inventé
un hygromètre, Henri? »

— « Oui, mais il n'est pas encore parfait, ma chère Lucie; il reste beaucoup
d'autres choses à faire. »

— « Quoi donc? » reprit Lucie.

— « D'abord, de venir déjeûner, » dit
son père.

Lucie ne demandait pas mieux, car
elle était un peu fatiguée ; mais dès qu'elle
se fut reposée, et qu'elle fut à moitié de
son déjeûner, elle revint à sa question.

— « Qu'y a-t-il donc encore à faire
pour l'hygromètre, Henri? »

— « À le rendre plus commode. De
la manière dont tu l'as inventé, il faudrait qu'il fût toujours attaché et fixé
contre un mur ; et d'ailleurs tes divisions
sont si, si petites, qu'on pourrait à peine voir
de combien le cheveu allonge ou diminue. »

— « Il n'y aurait qu'à prendre un verre
grossissant, » dit Lucie.

— « Oui , ça pourrait aider. Mais ne trouverais-tu pas quelque moyen plus simple ? »

Lucie réfléchit pendant un petit moment, et continua à manger son déjeûner, puis elle répondit : « Non, mon frère ; je ne puis trouver d'autre moyen que de prendre un grand verre grossissant, un verre, enfin, qui grossisse beaucoup, beaucoup. »

— « Il y a encore une méthode plus facile ; ôte-toi ce verre grossissant de la tête. »

— « Il faut que ce soit quelque chose de bien difficile, au lieu d'être facile, car je ne peux pas du tout le deviner, » reprit Lucie.

— « Mais je t'assure que tu le trouveras très-facile, quand tu l'auras deviné, » dit Henri. « Allons, je vais t'aider un peu, » continua-t-il , après qu'elle eut réfléchi une seconde fois. « Regarde cette aiguille, » et il montra du doigt le cadran d'une pendule qui était sur la cheminée vis-à-vis de la table à manger. « Regarde ; elle est maintenant sur dix heures. Tu vois la distance qu'il y a de dix à onze. Supposons que l'aiguille doive la parcourir , et s'arrêter à onze heures. »

— « Eh bien ! supposons, » dit Lucie. « Je puis aisément supposer cela. »

— « Alors, qu'est-ce qui aurait mar-
ché plus vite ? Qu'est-ce qui aurait parcouru plus d'espace? la pointe de l'aiguille
qui touche à l'extérieur du cadran , ou la
partie de cette même aiguille qui est tout
près du centre ? »

— « La pointe de l'aiguille qui touche à
la *partie extérieure* du cercle aurait mar-
ché le plus vîte ; je veux dire qu'elle aurait parcouru le plus d'espace. La partie
tout près du centre aurait si peu remué ,
que je suppose qu'à peine pourrais-je voir,
ou mesurer par mon œil de combien elle
s'est dérangée. »

— « C'est vrai, » dit Henri, « tu ne
le pourrais point ; mais, par exemple, tu
pourrais voir et mesurer facilement l'espace de dix à onze ; n'est-ce pas ? »

— « Certainement, » reprit Lucie.

— « Tu pourrais fort bien juger de la
mesure avec tes yeux , sans te servir de
compas ou de verre grossissant. »

— A présent , je vois où tu en veux
venir, » dit Lucie ; « il faut que j'aie une
petite, petite aiguille , et un cadran pour
mon hygromètre, qui puisse indiquer et
mesurer le moindre mouvement du cheveu, en s'accourcissant, ou s'allongeant. »

— « Très-bien, » dit Henri, « tu as
deviné juste. »

— « Ne m'en dis pas davantage, » in-

terrompit Lucie, « je puis faire tout
cela, seule, et en une minute. »

— « Ne sois pas si pressée, ma chère,
ou tu n'en viendras jamais à bout. »

— « Pressée! je ne suis pas pressée du
tout, » reprit Lucie, « seulement j'aime
à faire les choses vivement. Eh bien! j'attacherais le bout du cheveu à l'axe, de
manière à ce que chaque mouvement,
même le plus petit, fasse mouvoir l'aiguille. »

Elle s'arrêta. Ses idées n'étaient pas
bien nettes sur les moyens qu'elle pren-
drait pour en venir là.

— « Je t'aiderai, » dit Henri, « supposons... »

— « Supposons, » interrompit sa mère,
« que tu laisses Lucie finir son déjeûner. »

— « Je le veux bien, et d'autant plus
volontiers, qu'elle connaît maintenant le
principe de l'hygromètre que papa m'a
expliqué l'autre jour, et dont je lui montrerai la planche après déjeûner. »

— « La planche! » dit Lucie; « ap-
porte-la, nous pourrons déjeûner dessus,
tout en causant, n'est-ce pas? »

— « Je veux parler d'une gravure, »
reprit Henri, « ne sais-tu pas qu'on la
nomme aussi planche? »

— « Oh! oui, certainement, je le sais,
c'était pour rire. »

CHAPITRE IV.

L'Automate ; les Gravures ; Distractions de Lucie.

Le déjeûner fini , Henri alla dans la bibliothèque chercher le livre, et Lucie le suivit, impatiente de voir le dessin de ce qu'elle avait essayé d'inventer. Il lui montra, dans l'*Encyclopédie de Reés,* deux gravures de différens hygromètres.

— « Celui-ci, » dit-il, en en désignant un, « a été inventé par un grand ingénieur anglais nommé Smeaton; et cet autre par M. de Saussure, le fameux voyageur suisse. Le tien , ma chère Lucie, n'est exactement pareil ni à l'un, ni à l'autre; il se rapproche davantage du premier, mais, au lieu d'un cheveu, Smeaton emploie une corde à laquelle est attaché un poids; on dit, cependant, qu'un cheveu vaut mieux qu'une corde pour ce genre d'expérience. »

— « Et comment l'autre savant, M. de Saussure , a-t-il employé le cheveu? » demanda Lucie.

Henri lui montra sur la gravure qu'un des bouts du cheveu était fixé, comme elle en avait eu l'idée, à l'axe de l'aiguille, et le cheveu roulé autour de l'axe; mais l'autre bout, au lieu de soutenir un poids, était tendu et attaché ferme au-dessous à un cadre de bois. « Alors, » continua Henri, « quand le cheveu se raccourcit ou s'allonge, selon la sécheresse, ou l'humidité, il tourne l'axe de l'aiguille un peu ou beaucoup, selon qu'il se tend ou se détend. »

— « Tourne l'axe de l'aiguille! » répéta Lucie. « Je vois qu'il doit tourner quand le cheveu s'accourcit parce qu'il tire dessus et le fait marcher : mais je ne vois pas comment, quand le cheveu s'allonge, il peut faire retourner dans l'autre sens, l'axe et l'aiguille; je crois que le cheveu ne ferait que se relâcher autour de l'axe. »

— « Très-juste, Lucie, et très-bien observé, » s'écria Henri les yeux pétillans de plaisir; « mais, regarde encore cette gravure : vois, il y a un poids suspendu à cette petite corde, qui est tournée autour de l'axe, en sens contraire du cheveu. Le poids est juste assez lourd pour tenir le cheveu continuellement tendu, de manière à l'empêcher de se relâcher autour de l'axe, comme tu as

remarqué avec raison que cela arrive-
rait, quand le cheveu s'allonge par l'humidité, s'il n'y avait pas quelque chose
pour l'en empêcher. Alors, comme il est
toujours tenu ferme, il tourne l'axe et
l'aiguille. »

— « Oui, maintenant je ne vois plus
de difficulté, » dit Lucie : « je comprends
à merveille, et je suis bien aise dé t'avoir
dit ce qui m'embarrassait, car tu me l'as
expliqué. Je déteste de sentir que je
n'ai qu'à demi compris, et je n'aime pas
à laisser les choses dans le doute. Mais,
Henri, voilà un grand nombre d'autres
hygromètres gravés ici? »

— « Oui, ils sont faits de différentes
substances, » dit Henri ; « tu sais, qu'outre
les cheveux, il y a beaucoup de choses qui
peuvent servir à montrer les changemens
du sec à l'humide, et cela très-facilement.
Nous en avons souvent remarqué ensemble quelques-unes. »

— « Oh oui! » reprit Lucie ; « le sel
et le sucre, par exemple ; et quelques
espèces de bois qui se *déjètent* par les
changémens de temps ; je me rappelle que
le bois de cette fenêtre était si gonflé
pendant la pluie de la semaine dernière,
que nous ne pouvions pas l'ouvrir. »

— « Elle est, je crois, de bois blanc,
c'est-à-dire de sapin ; comme tu sais, »

dit Henri : « et cette sorte de bois se retire, ou se dilate promptement, selon la sécheresse ou l'humidité. »

— « Je me souviens, » interrompit Lucie, « d'avoir lu quelque chose sur un hygromètre de bois rampant., dans les notes du *Jardin botanique*. Oh ! mon cher, je me le rappelle parfaitement parce que c'était très-amusant. Figure-toi qu'il y avait un automate de bois, une machine qui remuait toute seule. »

« Une machine semblable est impossible, » reprit Henri ; « si elle remuait, c'est qu'elle était mise en mouvement par quelque cause. »

— « Hé bien, je suppose que l'humidité était cette cause. A présent, laisse-moi te conter, Henri. C'était un automate en bois, avec un long dos, et quatre pieds ferrés de petites pointes de fer ; qui avançaient petit à petit, de sorte qu'il marchait ou rampait à travers toute la longueur de la chambre de son maître, en un mois de temps, et cela par le changement de l'humide au sec. Je ne sais pas trop comment, mais c'était si divertissant ! Et cela m'amuserait encore bien davantage si tu pouvais me montrer comment il faudrait s'y prendre pour l'inventer. Je me rappelle qu'il y avait quelque chose sur la manière de coller les morceaux de bois qui composaient le dos : je ne sais pas au juste ce que c'était , mais je crois qu'il fallait les tailler en travers. »

— « Je suppose que tu veux dire à contre-sens du bois , » reprit Henri. « Nous chercherons cela tout-à-l'heure, et j'essaierai de le comprendre et de te l'expliquer. Mais continue à deviner de quelle autre substance on peut faire des hygromètres. »

— « Je ne me souviens d'aucune ; aide-moi un peu. »

Henri lui montra la harpe de sa mère.

— « Je vois la harpe de maman, » dit Lucie ; « mais cela ne me rappelle que lé dernier air qu'elle a joué. »

— « Ne te souviens-tu pas qu'une corde s'est cassée hier? »

— « Oui, certes, et comme c'était désagréable ! je me souviens aussi que madame Chose... »

— « Attends, ne vas pas chercher madame Chose, mais pense à la cause qui a fait casser cette corde. »

— « Maman a dit que c'était le changement de temps. »

— « Quel changement ? »

— « Du chaud à la pluie, je crois, » dit Lucie. « Oh maintenant je comprends ; je sais ce que tu vas me dire. Quand il fait du brouillard ou de la pluie, l'humidité

de l'air entre dans les cordes, et les
gonfle et les accourcit, de sorte que si elles
sont bien tendues par chaque bout, elles
craquent. Ces cordes sont faites de boyau
de chat; ainsi, il faut que ce soit bon pour
faire un hygromètre. »

— « Oui, » reprit Henri; « mais à
présent je veux te parler d'une autre
chose dont on se sert pour les hygromètres, et que tu ne pourrais jamais deviner : c'est... de l'ivoire. »

— « De l'ivoire! oh, par exemple, je
n'aurais jamais pensé à cela. Je ne savais
pas que l'ivoire s'allonge et se raccourcit
dans le temps sec ou humide. »

— « C'est pourtant bien vrai, » dit
Henri; « il y a beaucoup de pores dans
l'ivoire : nous ne pouvons les découvrir
qu'avec un verre grossissant; mais l'humidité y entre et les gonfle. Maintenant, Lucie, il y a une autre chose
ordinaire qui est sous tes yeux tous
les jours, et que tu peux facilement
deviner. Quand tu la trempes dans l'eau,
tu n'as pas besoin de verre grossissant pour voir ses grands pores s'emplir;
puis, quand tu en fais sortir l'eau en la
pressant, et qu'elle est sèche, elle se rap-
petisse tant, que tu peux la tenir dans ta
main fermée, tandis que, pleine d'eau, elle
était grosse comme ma tête. »

— « C'est une éponge ! c'est une éponge ! » s'écria Lucie. « Mais si on laissait une éponge toute seule dans une chambre, sucerait-elle l'eau qui est dans l'air ? »

— « Oui, soit qu'on la laissât toute seule ou non, » dit Henri, « elle absor- berait (ne dis donc pas *sucer*) l'humi- dité de l'air. Elle devient plus pesante à mesure qu'elle se remplit d'eau, et plus légère à mesure qu'elle sèche. L'hygro- mètre fait avec une éponge, est mesuré, ou se mesure, par son poids, non en s'al- longeant ou se raccourcissant, s'étendant ou se contractant... Tu n'as pas l'air de bien comprendre cela, Lucie ? »

— « Oh si, mais c'est que je suis fati- guée ; je crois que nous avons assez parlé des hygromètres. »

— « Non, non, tu ne peux pas être fa- tiguée sitôt ; devine encore une fois, » reprit Henri ; « c'est bien facile, c'est encore une chose dont tu te sers dans ton habillement. »

Lucie dit qu'elle avait observé que ses gands devenaient souvent humides quand le temps était pluvieux. Elle devina donc de la peau. Ce n'était pas ce qu'Henri voulait lui désigner. Cependant il dit qu'il croyait que la peau pourrait servir aussi ; et qu'il ne savait pas pourquoi on ne l'avait pas employée ; « peut-être parce qu'elle prend l'humidité si aisément qu'elle ne s'étend ou ne se retire pas d'une manière égale. »

Encouragée par l'approbation qu'Henri avait donné à ses efforts, Lucie voulut essayer de deviner de nouveau : « mais aide-moi donc mon frère, » lui disait-elle. Henri lui apprit alors que la chose dont il voulait parler, était dure et roide, et cependant pas assez roide pour ne pouvoir se courber. « Elle est souple et élastique. »

Elle passa en revue plusieurs choses qui pouvaient se courber, mais elle ne put rencontrer juste : bâillant alors et s'étendant sur sa chaise, elle répéta qu'elle était fatiguée, et qu'elle ne pouvait pas deviner davantage ; qu'il fallait qu'Henri lui dise.

— « Je le veux bien... c'est de la baleine, ma chère. Allons finis donc de bâiller, » continua Henri ; « je ne te donnerai plus rien à deviner. A présent, je vais te faire voir quelque chose de bien amusant : un joli petit hygromètre, fait avec la barbe d'un épi de sarrazin , ou blé noir. »

— « Montre-le-moi, » dit Lucie, tout au beau milieu d'un grand bâillement.

— « Le voici gravé, » dit Henri.

— « Ah ce n'est qu'une gravure ! je croyais que tu avais la véritable barbe d'épi ! »

— « Je parierais que tu pourrais faire un hygromètre toi-même, avec la barbe d'un épi de blé ordinaire. »

— « Oh j'aimerais bien cela, » dit Lucie. « Tu avais raison après tout, Henri, quand tu disais qu'il était heureux que mes cheveux se défrisent si facilement. Que c'est drôle, Henri, que j'aie porté toute ma vie sur ma tête, sans jamais y penser que ce matin, un des meilleurs hygromètres ! J'étais comme l'homme qui avait fait de la prose toute sa vie sans le savoir. »

— » Je ne sais pas de quel homme tu veux parler, » dit Henri. « Allons, regarde donc cet hygromètre de blé, Lucie ; c'est celui du grand docteur Hook. »

— « Je ne me soucie pas du grand docteur Hook, » dit Lucie ; « mais laisse-moi te conter comment cet homme faisait de la prose sans le savoir. C'était dans une pièce, oh une pièce très-amusante ! que papa lisait l'autre soir, pendant que tu n'écoutais pas. Il y a un vieux maître qui enseigne à sa servante les lettres de l'alphabet, et qui lui demande ce qu'elle fait quand elle dit u. A présent tu seras le vieux, et moi je serai la servante, et tu m'enseigneras : Dis u. »

— « Bêtise, ma chère ! » dit Henri.

— « Pas du tout, ce ne sont pas des bêtises, » dit Lucie ; « tu n'as qu'à aller demander à papa. »

— « Hé bien, je n'ai pas le temps de
l'apprendre à présent. »

— « Et il enseigne aussi à la servante
à faire des armes, » continua Lucie : « si
j'avais une petite baguette, je te montrerais
comment. »

— « Allons, voilà que ta tête est toute
remplie de cette pièce ; je ne pourrai plus
rien tirer de toi, » dit Henri d'un air
triste et boudeur. « Voici mon oncle, »
ajouta-t-il comme ce dernier entrait dans
la chambre. « Mon oncle, voulez-vous bien
regarder cet hygromètre avec moi ? »

— « Très-volontiers, Henri, avec plaisir, » dit son obligeant parent.

— « Et moi aussi, Henri, » dit Lucie,
« je t'assure que je ne pense plus du tout
à la pièce à présent. »

Pendant environ trois minutes elle fut attentive ; et elle comprit et admira, au parfait contentement de Henri, l'hygromètre
fait avec la barbe d'un épi de blé sarrazin.

— « A présent, Lucie, je vais t'en
montrer un beaucoup meilleur, » s'écria
Henri ; « un qui est fait avec une espèce
d'herbe de l'Inde, une herbe qui est extrêmement sensible. »

— « Une herbe extrêmement *sensible,* »
interrompit Lucie en riant; « mon oncle,
je n'avais jamais entendu parler d'une
herbe extrêmement sensible jusqu'à aujourd'hui! et vous? »

— « Il me semble que tu ne te montres
pas extrêmement raisonnable, ma petite
nièce, » lui dit son oncle, « en commençant à plaisanter, au lieu de faire attention
à ce que ton frère t'explique. Assurément
tu sais que dans ce cas, sensible veut dire
sensitif; c'est-à dire avoir un pouvoir très-
vif de sensation. Tu sais que ce mot s'applique aux plantes, car tu as entendu parler de la sensitive.

— « Oh! oui certainement, mon oncle;
ce n'était que pour rire. Je connais les
deux sens du mot aussi bien que personne; et j'ai non-seulement entendu parler de la sensitive, mais j'en ai vu chez
ma tante Pierrepoint; et non-seulement
j'ai vu ses feuilles se fermer et se reti-
rer au moindre toucher, mais de plus,
mon oncle, j'ai appris par cœur les vers
du docteur Darwin, sur la sensitive, la
Mimosa. »

Elle les récita, et son oncle dit que
c'était de jolis vers, et qu'elle les récitait
fort bien.

— « Et ne feraient-ils pas une excellente épigraphe pour mettre au-dessus

ou au - dessous d'un hygromètre , mon oncle ? »

— « Oui , » répondit ce dernier.

— « A présent, » reprit Henri, « laisse-moi te montrer cet autre hygromètre. »

— « J'ai aussi pensé à une épigraphe pour le baromètre , mon cher oncle, » continua Lucie , sans réfléchir qu'elle mettait la patience de son frère à une terrible épreuve. Elle se mit à réciter, tout en tenant son oncle par le pan de son habit,

« Boyle et Torricel , des sylphes favoris ,
De leurs savans travaux ont recueilli le prix. »

— « Torricel ! » s'écria Henri , « je suppose que tu veux dire Torricelli. »

— « Non ! c'est Torricel , dans les vers , je t'assure. »

— « Mais, hors des vers, c'est Torri-celli, je t'assure. Il n'y a jamais eu un savant nommé Torricel, n'est-ce pas, mon oncle ? »

L'oncle souffla tout bas à Lucie que son frère avait raison.

— « Eh bien ! qu'est-ce que ça fait ? il faut bien que ce soit Torricel , pour que le vers soit juste, » dit Lucie, « autre-ment, il serait trop long. Laisse-moi donc continuer à te dire ce que les sylphes ap-prenaient à ces gens. »

Elle continua à déclamer.

— « Ce sont de beaux vers, » dit son oncle ; « mais je suis sûr que tu ne peux pas les comprendre, parce que tu ne connais pas encore la pompe à air. »

— Mais Henri la connaît, et il me l'expliquera ; n'est-ce pas, Henri ? »

Henri prit un air sérieux, soupira, et ne répondit rien.

— « Pourquoi soupires-tu, Henri? »

— « Parce que, » dit son oncle, « il a peur de ne pouvoir jamais te faire comprendre ce que c'est que la pompe à air, ou toute autre machine, puisque tu n'es pas plus attentive que cela. »

— « Je te demande bien pardon, Henri, » reprit Lucie; « mais tu sais que j'ai été très-attentive au commencement. »

— « Et tu vas l'être aussi à la fin, j'espère, » dit son oncle ; « allons, nous serons, tous deux, bien sérieux, » ajouta-t-il, en s'asseyant devant la table : et tirant doucement Lucie à lui, il la fit asseoir sur la moitié de sa chaise, passa un bras autour d'elle, appuya son coude sur un livre, et prit l'attitude d'une profonde attention. « Maintenant, Henri, explique-nous ton hygromètre, et épargne les restes de cette pauvre plume que tu mords depuis un quart d'heure. »

— « Mais Lucie a l'air fatigué, » dit

I. 4

Henri : « as-tu envie de voir l'hygromètre, ou non ? »

— « J'en ai *un peu* envie ; c'est-à-dire, j'ai grande envie de te faire plaisir, mon frère : seulement nous ne les regarderons pas tous, » dit-elle, comme il approchait les gravures.

— « Non ; ne t'effraie pas, je ne vais pas te les montrer tous ; je vais te faire voir le meilleur, et pas plus. »

— « Attends, » dit son oncle, en mettant la main sur la planche qu'Henri venait de désigner, « pas celle-là ; explique-lui-en une autre, elle ne doit pas encore voir celle-ci. »

— « Pourquoi donc ? je voudrais bien savoir pourquoi ! » reprit Lucie.

— « J'ai mes raisons, » dit son oncle, « mais ne t'inquiète pas ; ne pense pas à celle que j'ai sous la main, ma chère ; écoute ce que ton frère va te dire. »

— « Lequel lui montrerai-je, mon oncle ? l'hygromètre en ivoire de Luc, ou celui de baleine ? »

— « Le dernier, car c'est le plus simple, je crois. »

Henri ayant devant lui le livre ouvert à l'article hygromètre, commença.

— « Regarde ici, Lucie, tu vois ce petit *a* et ce petit *b*. Eh bien ! ceci représente un petit morceau mince de baleine coupé en travers du fil ; tu sais ce que j'entends par *le fil*, c'est le sens dans lequel montent les fibres de la baleine. Mais vois-tu bien le petit *a* et le petit *b* ? »

Non ; Lucie, au lieu de regarder les lettres, jetait un coup-d'œil furtif sur le revers de la page ; et lisait la description d'un petit homme et d'une petite femme qui faisaient hygromètre.

— « Oh ! voici quelque chose de bien amusant, mon frère, » s'écria-t-elle, « il faut que je te le lise :

« Dans les joujoux d'Allemagne, appelés *indicateurs du temps*, un bout de l'index ou aiguille, supporte une petite figure d'homme, et l'autre bout, une figure de femme. La première paraît ou sort dans le mauvais temps ; l'autre dans le beau temps. » « Je me rappelle ; » ajouta Lucie, « qu'une fois, dans la ferme de la veuve Green, j'ai vu un de ces indicateurs du temps ; mais je n'étais pas alors assez raisonnable pour savoir que cela s'appelait un hygromètre. »

— « Il n'y a pas grande raison à savoir ce nom, » dit son oncle.

— « Je voudrais bien que tu pusses me montrer comment il faut s'y prendre pour en faire un pareil, mon frère, » dit Lucie ; « cela en vaudrait vraiment la peine. »

— « Volontiers, » répondit Henri, « mais un autre jour, Lucie ; je ne puis te montrer qu'une chose à la fois. A présent, je t'en prie, fais attention à ce que je t'explique, parce que j'ai autre chose à faire. »

— « Oui, Lucie, réfléchis que tu abuses de la complaisance de ton frère ; il faut qu'il aille à ses études ; fais donc attention, je t'en prie. »

— « Oui, oui, en vérité, mon oncle. Tu seras content de moi, Henri, » s'écria Lucie.

Henri recommença.

« Le petit *b* est un morceau mince de baleine coupé en travers du fil... »

Il allait continuer son explication, et passer au *c*, au *d*, à l'*e*, persuadé que Lucie le suivait, lorsqu'il entendit le son d'un rire mal étouffé ; levant alors la tête, il vit Lucie les deux mains sur sa bouche, pour empêcher son rire d'éclater tout haut.

— « Qu'est-ce qui peut donc te faire rire ainsi, Lucie ? » demanda-t-il.

— « C'est que je pensais aux drôles de figures du petit vieux et de la petite vieille du joujou que j'ai vu à la ferme, et je n'y puis jamais penser sans rire : la femme avait son bonnet et ses rubans rouges noués tout de travers, et ses yeux de travers aussi, et son bras sur sa hanche, et sa pipe à la bouche, qui relevait son nez et l'applatissait comme cela, tiens, regarde, Henri; regardez donc, mon oncle! »

Mais son oncle, au lieu de partager sa gaieté, dit gravement qu'elle avait tort de faire perdre ainsi le temps à son frère, et qu'il craignait qu'elle n'apprît jamais rien en science, puisqu'elle était si peu attentive.

Sa mère entra dans la chambre, tandis que son oncle parlait encore; et Lucie eut l'air honteux et mortifié. Elle se remua sur sa chaise, comme si elle souffrait, et dit: « j'ai écouté, autant que j'ai pu; mais il m'a été impossible de faire attention plus long-temps; je suis horriblement fatiguée. »

— « C'est ma faute, » reprit Henri, « je t'ai tenue trop long-temps à la même chose; et je t'en ai trop dit à la fois; mais je ne l'ai fait que parce que tu m'avais assuré que tu voulais avancer, et apprendre ce que j'avais appris, aussi vite que possible. »

— « C'est vrai, j'avais tort, je l'avoue. »

— « Puisque nous nous confessons tous, » dit son oncle, « supposons que j'avoue à mon tour, que j'ai mal fait, Lucie, de te louer quand tu récitais ces vers. »

— « Oui, en vérité, mon cher oncle; je crois que oui, car ça m'a encouragée à en réciter davantage, quoique je susse bien que Henri n'aimait pas cela. »

— « J'avais probablement tort de mon côté, » dit Henri, « je veux tâcher d'aimer davantage la poésie. »

— « Et moi je te promets de ne plus en réciter mal à propos, » dit Lucie; « mais Henri, un autre jour tu ne m'en diras pas tant, et tu ne me tiendras plus des heures entières. »

— « Non; je sais que j'ai mal fait, mais j'étais si heureux et si impatient! et d'ailleurs tu disais que tu voulais aller si vîte! »

— « Hé bien, je me contenterai d'aller un peu plus lentement et de n'en pas faire tant tout-à-coup. »

— « Tu as raison, ma chère Lucie, » reprit son oncle, « la seule manière d'aller vîte, à la fin, du moins en science, est de se contenter de marcher lentement d'abord. »

— « Tu dois te rappeler, Lucie, » reprit sa mère, « qu'il en était ainsi pour l'arithmétique; tu avais coutume de me dire chaque jour : mon dieu, maman, que ça va lentement! mais maintenant tu t'en tires assez bien et assez vivement. »

— « Elle calcule beaucoup plus vîte et beaucoup mieux que moi, » dit Henri.

— « Hé bien ! Henri, j'irai aussi doucement qu'il te plaira dans les choses de science. »

— « Et moi je ne te fatiguerai plus comme aujourd'hui, » dit Henri, « si je puis m'en empêcher. »

— « Je ne me fatiguerai jamais non plus, » répliqua Lucie, « si toutefois je puis m'en empêcher. »

— « Vous faites fort bien d'ajouter tous les deux cette condition, » reprit leur mère ; « c'est une précaution qui me paraît très-sage. »

CHAPITRE V.

L'herbe Indienne, ou l'Hygromètre de l'Oncle.

Le lendemain Henri et Lucie ayant fini leurs études du matin, étaient impatiens de revenir à l'hygromètre, et de faire l'épreuve de leur nouvelle résolution d'indulgence mutuelle; mais ils n'avaient point pris d'exercice de la journée; leur oncle leur conseilla d'aller courir dans le jardin, et de s'amuser pendant une heure ou deux.

« Rappelez-vous, » leur dit-il, « l'excellent précepte qui ordonne de détendre l'arc. »

— « Oui, » dit Lucie, « les cordes de la harpe de maman ne craquent jamais, quand elle se souvient de les relâcher à temps. »

— « Je veux vous dire à ce sujet une de mes fables favorites, » reprit l'oncle, « ce sera pour tous deux une utile leçon : »

RIEN DE TROP.

« Je ne vois point de créature
Se comporter modérément ;
Il est certain tempérament,
Que le Maître de la nature
Veut que l'on garde en tout. Le fait-on ? nullement :
Soit en bien, soit en mal, cela n'arrive guère.
Le blé, riche présent de la blonde Cérès,
Trop touffu bien souvent épuise les guérets :
En superfluités s'épandant d'ordinaire,
    Et poussant trop abondamment,
    Il ôte à son fruit l'aliment.
L'arbre n'en fait pas moins : tant le luxe sait plaire.
Pour corriger le blé, Dieu permit aux moutons
De retrancher l'excès des prodigues moissons.
    Tout au travers ils se jetèrent,
    Gâtèrent tout, et tout broutèrent,
    Tant que le Ciel permit aux loups
D'en croquer quelques-uns : ils les croquèrent tous :
S'ils ne le firent pas, du moins ils y tâchèrent.
    Puis le Ciel permit aux humains
De punir ces derniers : les humains abusèrent
    A leur tour des ordres divins.
De tous les animaux l'homme a le plus de pente
    A se porter dedans l'excès.
    Il faudrait faire le procès
Aux petits comme aux grands ; il n'est ame vivante
Qui ne pèche en ceci. *Rien de trop*, est un point
Dont on parle sans cesse, et qu'on n'observe point. »

Lucie et Henri embrassèrent leur oncle,

4*

et lui promirent de mettre sa fable en pratique.

Après s'être rafraîchis et reposés, par une heure de ce violent exercice de corps, auquel les enfans de tout âge sont convenus de donner le nom de jeu, ils cueillirent un panier de fraises dans leur petit jardin, ils en mangèrent, bien entendu, une assez grande quantité pour décider si elles étaient mûres, ou non : puis, ils revinrent à la maison dans l'intention d'offrir les premiers fruits venus dans leur domaine, à leur oncle ; mais il n'était ni dans la bibliothèque, ni dans la salle à manger.

« ux prés, aux bois, point n'était-il. »

Ils en conclurent qu'il était retourné chez lui, sa campagne n'étant qu'à un quart de mille de la leur.

« Nous ferions mieux de courir après lui avec notre panier, » dit Lucie.

— « Non, » reprit Henri ; « il reviendra avant dîner, j'en suis sûr, car maman a dit qu'il devait dîner ici, et sa redingotte est encore dans l'anti-chambre ; à présent, allons à l'hygromètre. »

Lucie déposa sa corbeille de fraises à l'extrémité la plus éloignée de la chambre, de peur que le parfum ne vînt la troubler, et Henri prit le gros volume sur les planches de la bibliothèque et l'ouvrit ; mais ses mains n'étaient point en état de toucher des gravures, car elles étaient couvertes de terre, et celles de Lucie, toutes roses du jus des fraises. La cloche du dîner allait sonner, et leur mère leur conseilla fortement de s'habiller avant de se mettre à lire. Cet avis : *habillez-vous d'abord, et tenez-vous prêts pour être libres ensuite de faire tout ce qu'il vous plaira*, si souvent répété aux jeunes gens et si rarement écouté, fut suivi sur le champ par Henri et Lucie, sans qu'ils se permissent un seul murmure, ou un seul mouvement d'humeur.

Avec ce sentiment de bien-être, et de satisfaction qui accompagne la prévoyance, ils se réunirent de nouveau, une demi-heure avant le dîner, dans la bibliothèque, où ils trouvèrent leur oncle.

— « Oh! mon oncle, que je suis bien aise que vous soyez ici! » s'écria Lucie ; et après lui avoir offert ses fraises, elle alla se placer devant le livre.

Henri demanda s'il continuerait à expliquer le *vieil* hygromètre de baleine.

— « Continue, » dit son oncle, « il ne faut pas que Lucie abandonne une chose sans la bien comprendre, non qu'il importe beaucoup qu'elle connaisse à fond cet hygromètre plutôt qu'un autre, mais cela mettra son attention à l'épreuve. »

— « Oh! je serai très-attentive! » Puis, observant que son oncle plaçait son bras comme auparavant de manière à couvrir une partie de la gravure, elle en fut un peu troublée; son oncle remarqua la direction de ses yeux, et lui dit :

— « Je te conseille, Lucie, de réprimer ta curiosité; ne pense pas à ce qui est sous mon coude, mais à ce que ton frère va te montrer. »

En effet, Lucie se tint tranquille, et rassembla toute son attention. Henri lui expliqua chaque chose, et elle le suivit pas à pas avec patience; sans être troublée par la crainte d'être trop lente, ou par le désir de montrer la vivacité de son intelligence. Sans jeter un seul coup-d'œil vers le bras de son oncle, sans s'occuper à chercher la raison qui lui faisait garder cette posture, elle se laissa conduire à travers les *a, b, c, d,* de l'hygromètre de Luc; et elle le comprit enfin, au parfait contentement de son frère, et à sa propre satisfaction. Son oncle dit qu'il était bien aise de voir que Lucie pouvait si bien tenir une résolution; et que si elle continuait avec fermeté à agir ainsi, elle trouverait bientôt aisé de faire ce qui lui semblait maintenant si difficile.

— « Et à présent, » dit-il, en ôtant

son bras de dessus la gravure , « tu vas
savoir ma raison pour cacher ceci, et
je vais te montrer ce que j'ai été chercher
chez moi. »

Il tira de sa poche, et plaça entre Henri
et Lucie un petit étui cylindrique, d'environ trois pouces de haut, recouvert en
maroquin.

— « C'est comme l'étui de la lorgnette
d'opéra de maman, » s'écria Lucie; « est-
ce qu'il y a une lorgnette dedans? »

— « Non. » Henri sourit, car il l'avait
reconnu de suite. Il savait que c'était son
hygromètre favori. Son oncle le tira de
l'étui, et le plaça auprès de la gravure
qu'il avait couverte de son bras, disant à
Lucie qu'il n'avait retardé de lui montrer
le dessin, qu'afin qu'elle pût le comparer
avec l'original, qu'il avait été chercher
exprès pour elle.

Cet hygromètre était si simple, qu'en
le regardant, et en examinant la planche,
Lucie le comprit de suite. Il se composait
d'une espèce d'herbe indienne, qui, de
même que la barbe d'épi du sarrazin ou
du froment commun, se tord et se détord,
par la sécheresse ou l'humidité, mais à
un degré beaucoup plus fort, exécutant,
à ce qu'on assure, de dix à seize révolu-
tions, depuis l'extrême humidité, jusqu'à
l'extrême sécheresse.

Henri raconta à Lucie , que dans la
description qu'il avait lue de cet hygromètre , on disait qu'il indiquait plus aisément et plus vivement que tout autre les
changemens de l'humidité dans l'atmosphère.

— « Cette herbe est si sensitive, » continua Henri, « qu'en ouvrant ou fermant une
porte, on agit sur elle, et qu'elle sent l'approche d'une personne , et l'indique par
le mouvement des aiguilles. »

— « Essayons donc tout de suite si elle
indiquera que j'approche , » dit Lucie.
Comme elle approchait, les aiguilles commencèrent à se mouvoir; et, quand à la
prière de son frère, elle prit l'instrument
et le tint plus près d'elle, le mouvement
augmenta; et lorsque, suivant le conseil
de Henri, elle respira à travers les trous
pratiqués dans le côté de l'instrument ,
une des aiguilles, mue par la chaleur du
souffle, sembla voler autour du cercle ,
tandis que l'autre marquait ses évolutions.
Lucie fut enchantée, même au-delà de
l'attente de son frère; elle épiait les ra-
pides variations de l'aiguille, à mesure
qu'elle respirait, ou qu'elle retenait son
haleine.

— « Mais, mon frère, ne m'as-tu pas
dit que ce joli hygromètre n'avait été inventé que tout dernièrement ? Comment

cela se fait-il ? Pourquoi n'y avait-on pas pensé auparavant ? L'herbe n'était-elle pas toujours là... dans le lieu où on l'a trouvée... dans l'Inde ? »

— « Je suppose que oui, » dit Henri; « mais personne n'avait observé ses propriétés. Tout ce que je sais là-dessus, c'est que dans l'*Encyclopédie de Rees*, il est dit que cette espèce d'herbe fut découverte dans l'Inde, vers l'année 1800, je crois, n'est-ce pas mon oncle ? par le capitaine Kater, qui, étant occupé à lever un plan, ou à faire quelques observations sur le pays, eut besoin d'un hygromètre très-exact, pour mesurer les plus petits degrés de l'humidité ; il essaya de cette herbe qui remplit complètement son but, et à l'épreuve, il trouva qu'elle est de plus longue durée, et plus sensitive que la barbe d'épi de froment. »

— « Très-bien retenu, et fort bien résumé, Henri, » dit son oncle ; « mais as-tu lu dans l'Encyclopédie, comment il arriva que le capitaine Kater remarqua cette herbe ? »

— « Non, mon oncle ; le savez-vous? »

— « Il raconta à un de mes amis, que se promenant un soir sans bottes dans un endroit rempli de cette herbe, il sentit qu'elle s'attachait à ses bas; et lorsqu'il

les ôta, en se déshabillant, il les trouva
garnis de brins d'herbe qui s'étaient entor-
tillés dans le tissu. Il les tira un à un, et
les examina avec soin. Son attention étant
alors fixée, il remarqua que l'humidité
et la chaleur agissaient sur cette plante,
et il imagina de s'en servir comme d'un
hygromètre dans ses recherches savantes. »

— « Qu'il est donc heureux que cette
herbe l'ait piqué et tracassé ce jour-là, en
s'attachant à ses bas! » s'écria Lucie.

— « Et comme il était sage à lui d'observer les propriétés de cette plante ! »
dit Henri, « et de penser à l'appliquer à
quelque bon usage. À sa place, je l'aurais
peut-être jetée sans l'examiner : du moins,
j'en ai peur ; surtout le soir, j'aurais été
endormi, fatigué : et alors, mon oncle,
le monde n'aurait jamais possédé ce joli
petit instrument, si commode. »

— « Henri, et toi, Lucie, » dit l'oncle, « aimeriez-vous bien, tous deux,
à avoir ce joli instrument en toute propriété ? »

Les yeux rayonnans de joie, ils répon-
dirent, qu'assurément rien ne pourrait leur
faire plus de plaisir.

— « Eh bien ! il est à vous, mes chers
enfans. Je vous le donne dans l'espoir qu'il
vous enseignera l'exactitude et la patience. »

Ils lui dirent qu'ils voulaient essayer de tenir régulièrement un registre des variations de leur hygromètre. Mais Lucie ajouta que, si ce n'était que pour éprouver sa patience, ça ne lui plairait pas tant à faire, que si elle croyait que son travail pourrait être de quelque utilité à son oncle, et qu'il servît à quelque chose.

Son oncle l'assura que cela lui serait très-utile : il dit qu'il avait deux amis, l'un vivant en Irlande, l'autre en Amérique, et qu'ils voulaient tenir un journal de l'humidité ou de la sécheresse de l'atmosphère dans ces contrées, afin de les comparer avec la température de l'Angleterre.

— « Eh bien ! » s'écria Lucie, « nous tiendrons le journal pour notre pays avec plaisir. Ce sera là quelque chose d'important, et qui en vaudra la peine. »

— « Mais, » dit son oncle, « si tu l'entreprends, il faut le faire avec précision et exactitude, ou ce sera inutile. Rappelle-toi que je t'ai dit que c'était l'épreuve de ta patience. Ne le commence pas, à moins d'être bien décidée à le tenir régulièrement pendant six mois. »

— « Six mois, c'est la moitié d'un an, » s'écria Lucie, « c'est bien long ! » Henri cependant ne s'effrayait point de cette tâche, parce qu'il avait déjà essayé de tenir le journal d'un baromètre pen-

dant toute une année. Seulement ses calculs n'étaient pas nets, quoique très-jus-
tes ; ses chiffres étaient trop grands, peu
réguliers, et mal rangés. Mais il se con-
sola en pensant que cette fois, il pourrait
prendre Lucie pour secrétaire, et qu'elle
savait chiffrer beaucoup mieux que lui.

Leur oncle écrivit pour eux quelques
explications nécessaires. Il leur dit que,
toutes les fois qu'ils prendraient note des
degrés de leur hygromètre, il faudrait
diviser un total composé d'un assez grand
nombre de chiffres : cela n'épouvanta pas
Lucie, car elle était experte en calculs ;
et elle se réjouit de pouvoir faire promptement ce travail pour son frère. Elle
était enchantée de penser qu'il aurait besoin d'elle tous les jours, et que tous les
jours, elle pourrait lui être utile au moins
une fois, sinon deux. Ils étaient impatiens de montrer leur hygromètre à leur
père ; mais il s'était absenté pour quelques jours.

Il fut convenu que la première chose
qu'ils feraient chaque matin, en se levant,
serait d'examiner l'hygromètre , et de
prendre leurs notes. Henri devait toujours dicter, et Lucie écrire.

Quiconque a essayé de tenir un journal, ou de faire n'importe quoi, régulièrement tous les jours, à la même heure,

doit savoir que ce n'est pas une tâche
aisée ; et lorsqu'il faut la réunion de deux
personnes la difficulté est plus que doublée, par les chances, que l'une ou l'autre,
manquant de ponctualité, elles passent leur
temps à se reprocher mutuellement le défaut d'ordre. Tout le monde conviendra
donc, qu'Henri et Lucie méritent quelque éloge pour avoir tenu leur journal
exactement, chaque jour, pendant un
mois, sans jamais se plaindre l'un de
l'autre.. Lucie répéta qu'elle était fort
aise que cela pût être d'une grande utilité
à son oncle, car sans ce motif et le plaisir
d'aider son frère et de faire pour lui de
jolis chiffres, elle avouait qu'elle n'aurait
jamais le courage d'aller jusqu'au bout.

— « Merci, oh merci mille fois, maman,
de m'avoir permis d'étudier avec Henri
comme je le faisais autrefois; je suis déjà
beaucoup plus heureuse. Mais, maman,
si j'étais bien, bien savante, et qu'Henri ne
m'aimât pas, ni moi, lui, nous ne pourrions
pas être réellement heureux : qu'en pensez-
vous, maman ? »

— « En vérité, ma chère enfant, je
crois que non, » dit sa mère.

— « Et moi je suis sûre, tout-à-fait
sûre, que non, » continua Lucie. « Supposons que je sache par cœur toutes les
histoires, tous les poèmes, et tous les

contes qui aient jamais été inventés ; et que je sache dessiner, jouer du piano, danser mieux que qui que ce soit au monde, je suis sûre, maman, que je ne pourrais jamais être heureuse, à moins qu'Henri ne m'aimât et que je ne l'aimasse aussi ; ni lui, non plus, ne pourrait être heureux, même quand il saurait tous les dialogues scientifiques, et qu'il connaîtrait à fond toutes les mécaniques, l'hydrostatique, l'optique.... Mais, » s'écria Lucie en s'interrompant au milieu de cette énumération d'*iques*, « voilà papa qui revient ! je ne pouvais pas comprendre aussi ce qui avait fait lever maman si vîte. »

~~~~~~

CHAPITRE VI.

Du Vide; la Pompe; le dessèchement de la Mare; la Visite.

———

Lucie avait trop de prudence pour produire l'hygromètre, au moment même, où
son père revenait de voyage; elle attendit qu'il eût fini ce qu'il disait à sa mère,
comprenant que ce pouvait être beaucoup
plus important pour lui, et plus intéressant, que même leur nouvelle propriété,
et leurs nouveaux arrangemens. Aussitôt
cependant qu'il eut le loisir de l'écouter,
et lorsque se tournant vers Lucie, et lui
tendant la main, il lui dit : « As-tu
quelque chose de nouveau à me conter,
ma petite fille? » elle répondit avec vivacité, « Oh oui, papa, beaucoup, beaucoup! » Il lui fit place à côté de lui.
Henri s'approcha, et ils lui montrèrent
tous deux leur hygromètre. Lucie lui
dit combien elle avait désiré comprendre
ce que son frère avait appris sans elle, et
comment Henri avait été assez bon pour
commencer à le lui enseigner; elle, pro-

mettant d'aller lentement, et lui, aussi vîte qu'il pourrait, et de là fatiguer le moins possible. Son père fut bien aise que Henri eût appris, dès sa première tentative, qu'il ne devait pas dire tout ce qu'il savait à sa sœur, à la fois, n'importe sur quel sujet; ni s'attendre à lui voir prendre de suite un intérêt aussi vif que le sien, à des choses qu'elle ignorait ; surtout quand elle avait à subir tout le travail et tout l'ennui qu'un commençant doit endurer, avant que l'étude d'une science nouvelle puisse être pour lui facile ou amusante. Son père conseilla à Henri de ne point essayer de décrire toutes les petites parties, et tous les détails des mécaniques; de ne point passer en revue tous les *a b c* des explications des machines, qui, très-nécessaires à ceux qui doivent les faire ou les employer, étaient inutiles à Lucie. Il lui recommanda d'essayer de donner à sa sœur une connaissance claire et exacte des principes de quelques-unes des inventions et des découvertes les plus utiles; et lui promit de l'aider, lorsqu'il rencontrerait quelques difficultés, mais, il l'engagea à voir d'abord comment il pourrait continuer seul ses leçons à sa sœur. Il répéta à Lucie ce que sa mère et son oncle lui avaient déjà dit sur l'attention; ajoutant que, lorsqu'il avait essayé dernièrement de lui démontrer quelque chose, il avait remarqué qu'elle ne le suivait pas aussi bien qu'autrefois.

— « Je le sais, papa ; j'y fais tous mes efforts, mais je ne puis pas. Je ne sais comment cela se fait, ça m'est impossible, » dit Lucie ; « chaque parole qu'on prononce éveille dans ma tête quelqu'autre idée, et chaque chose que je vois ou que j'entends, me fait souvenir de quelqu'autre chose : et mes pensées s'envolent tantôt en arrière, en avant, de côté : tandis qu'Henri peut aller droit son chemin, toujours occupé de ce qu'il fait, ou de la chose même qu'on lui explique. J'avais coutume de pouvoir faire de même autrefois. » Et elle poussa un grand soupir.

— « Ne soupire plus, Lucie, » reprit son père en souriant. « Il n'y a pas grand mal de fait. Tu as perdu l'habitude de l'attention, la faculté de t'appliquer ; mais avec ta bonne volonté et ton bon sens, nous mettrons bientôt ordre à cela : puisque tu aperçois toi-même ce qui se passe dans ton esprit, et que tu y réfléchis, tu nous aideras beaucoup. »

— « Papa, je sais d'où vient mon étourderie. Ma tante Pierrepoint pensait qu'il importait peu que je m'appliquasse tout-à-fait, comme dit mon oncle ;

elle disait, que j'étais bien assez intelligente; et je vous dirai, papa, ce qui fit une grande impression sur moi : c'est qu'une fois j'entendis un monsieur parler sur le génie; il dit, qu'il était étonné de ce que j'apprenais tout avec si peu d'attention, que j'avais toujours les yeux en l'air, écoutant tout ce qu'on disait, et que malgré cela j'étais si spirituelle... J'ai honte, papa, de vous en dire plus, » ajouta Lucie, en s'arrêtant.

— « Tu en as dit assez, ma chère petite fille, pour me prouver que tu n'es pas tout-à-fait une sotte. Tant qu'une personne rougit d'être flattée, il y a espérance qu'elle apprendra à mépriser la flatterie, et à la détester. Je ne désespère que de ceux qui, perdant tout sentiment de honte, aiment et recherchent les louanges sans pudeur, ne peuvent s'en rassasier, jusqu'à ce que, dupes des plus basses flatteries, ils ne sentent plus combien leur crédulité les avilit, et les expose au ridicule. »

— « J'espère que je ne ressemblerai jamais à ces personnes-là, maman, » dit Lucie d'un air effrayé. « Veux-tu y veiller pour moi, Henri? »

— « Il faut aussi que je veille sur moi-même, » dit Henri.

— « Maintenant, aux affaires, » reprit

leur père, « que veux-tu apprendre d'a-
bord, Lucie ? »

Elle dit qu'elle voudrait connaître
parfaitement la pompe à air , parce
qu'Henri lui avait reproché de n'avoir
pas bien compris cette belle description
poétique qu'elle avait apprise par cœur,
et qu'elle lui avait récitée. Henri répondit
qu'il pourrait facilement lui faire comprendre la pompe à air de son oncle, parce qu'elle connaissait déjà le principe
d'une pompe ordinaire.

— « Ah ! je le connais? » dit Lucie
en souriant, « en vérité je ne m'en doutais pas; » et elle se rappela de nouveau
l'homme qui avait fait de la prose toute
sa vie, sans le savoir : mais elle s'abstint
d'y faire allusion, quoique la citation lui
vînt sur le bout de la langue. Henri lui
rappela les expériences que leur père avait
faites pour eux, il y avait deux ans.

— « Ne te rappelles-tu pas, » dit-il,
« du rouleau de cordon, qui fut mis
sous un verre qu'on renversa ensuite, et
qu'on plongea dans un bassin d'eau ; puis
papa tira doucement le cordon, et le déroula peu-à-peu ? »

Lucie se souvenait très-bien de tout ceci.

— « Et qu'arriva-t-il, » reprit Henri,
« quand le cordon fut tiré de dessous le
verre ? »

Lucie répondit que l'eau s'était élevée dans le verre.

— « Pourquoi ? » demanda Henri.

« Parce que, lorsque le cordon fut ôté, il restait à sa place un espace, ou, comme vous dites, un vide : alors l'eau qui était dans le bassin monta dans cet espace. »

— « Et pourquoi monta-t-elle ? » poursuivit Henri.

— « Parce qu'elle était pressée par le poids de l'air, pesant sur toute l'eau du bassin, et la poussant dans le verre où il n'y avait plus d'air; rien pour l'empêcher, ou lui résister.

— « Très-bien ; maintenant, je suis satisfait, » dit Henri : « tu te le rappelles clairement. »

— « Parce que je l'ai compris clairement la première fois qu'on me l'a montré : papa était si patient, et me l'expliquait si lentement et si bien. »

— « Tu m'as prouvé, » reprit Henri, « que tu comprends le premier principe d'après lequel agissent les pompes, car tout dépend de la manière d'opérer le vide, dans lequel l'eau s'élève, ou est élevée. La première chose nécessaire est donc de faire un vide. A présent, Lucie, dans une pompe commune, telle que celle qui est dans la cour pour pomper de l'eau, *où* crois-tu que doive se faire le vide, avant que l'eau puisse monter ? »

— « Lucie supposa que ce devait être dans l'intérieur du corps, ou du *tuyau* de la pompe.

— « Oui, c'est ce que nous nommons la chambre de la pompe, » reprit Henri. « Maintenant, dis-moi comment tu y opérerais un vide ? »

— « Oh! mon cher Henri, c'est une question trop difficile pour moi. Comment puis-je te dire le moyen de faire un vide dans la *chambre*, comme tu la nommes, d'une grande pompe ? »

— « Où est donc la difficulté ? » dit Henri. « Que le mot *chambre* ne t'effraie pas ; ou, si tu es allarmée par l'idée d'une grande pompe, supposes-en une petite, aussi petite qu'il te plaira ; pas plus grande que le tube de verre du baromètre. »

— « Oh! cela serait facile à supposer. Mais est-ce qu'il peut y avoir une si petite pompe ? »

— « Certainement, aussi bien qu'une très-grande ; seulement, elle élèverait moins d'eau. Mais, allons droit notre chemin, Lucie, ma chère ; ne me fais plus de ces questions qui nous écartent du sujet. Il faut que tu me laisses te questionner, et toi tu répondras. »

— « Si je puis. »

— « Tu le peux, je t'assure, ma chère, »
dit Henri, du ton le plus persuasif, « si
tu veux seulement croire que tu le peux,
et te tenir tranquille. Je te demande
comment tu ferais pour opérer un vide
dans ce tuyau ? »

— « Laisse-moi réfléchir ; laisse-moi
me rappeler. Qu'est-ce que fit mon papa
pour opérer un vide dans le verre ? » se
demanda Lucie. « Il y mit un rouleau de
cordon qui le remplissait tout entier, puis
il le tira, petit-à-petit, de manière à ne
point laisser pénétrer d'air à la place.
Mais je ne peux pas faire entrer un rouleau de cordon dans un si petit tuyau. »

— « Non, pas un rouleau de cordon, »
dit Henri ; « mais, pense un peu à l'usage
de ce rouleau : demande-toi pourquoi on
le mettait dans le verre, et pourquoi on
l'en tirait ; et tu verras que toute autre
chose peut servir de la même manière,
et tout aussi bien. »

— « Je crois que c'était pour faire
sortir l'air qui était dans le verre, et
pour empêcher qu'il n'en entrât d'autre
à la place du cordon ; afin que, lorsqu'on
l'aurait tiré, l'espace restât tout-à-fait
vide. »

— « Allons, voilà qui va très-bien,
Lucie, » dit Henri, en se frottant les
mains d'un air triomphant.

La jeune fille encouragée continua :
« Si je puis mettre quelque chose dans
le petit tuyau, qui en chasse l'air, et
que je parvienne à l'empêcher d'y rentrer, alors j'aurai opéré un vide comme
tu le veux, Henri. »

— « Fort bien ; maintenant tu comprendras à merveille le mécanisme d'une
pompe, et tu sauras bientôt comment
t'en servir, Lucie. »

— « Oh! quant à cela, » dit Lucie,
« je sais déjà comment pomper, seulement
je ne suis pas assez forte. »

— « Attends! attends, Lucie! Savoir
lever et abaisser le balancier d'une pompe,
et c'est sans doute ce que tu veux dire,
n'est pas comprendre ce que j'entends par
savoir ce que c'est que pomper, ou comment cela se fait. »

— « J'ai vu souvent le domestique et
la cuisinière pomper à la pompe de la
cour, » dit Lucie.

— « Qu'arrive-t-il quand on pompe? »
demanda Henri.

— « L'eau sort par le tuyau, après
qu'on a pompé un peu de temps, » dit
Lucie.

— « Mais qu'est-ce que l'on fait quand
on pompe? »

— « Je ne peux pas te le dire exactement, Henri, parce que je n'ai jamais

vu l'intérieur d'une pompe; je sais seulement qu'on remue le balancier de haut
en bas, et je crois que quelque chose qui
y est attaché, fait monter l'eau, mais
je ne sais pas exactement comment. »

— » C'est ce que je n'ai pas de peine
à croire, » reprit Henri ; « tu vois donc
bien, madame Brouillon, que tu ne comprends pas ce que j'entends par pomper.
A présent, viens avec moi, et je te montrerai dans ma chambre, la jolie pompe
en verre que papa a faite pour moi. Tu
ne peux pas voir dans l'intérieur de la
pompe de la cour ; mais une fois que
tu auras vu la mienne, tu comprendras
comment les autres sont faites. »

Il lui montra d'abord un tuyau de
verre, au haut duquel était adapté un
robinet. Le tuyau était ouvert à son
extrémité supérieure, et au bas, il y
avait une petite porte ou soupape qui
s'ouvrait en dedans seulement; il versa
de l'eau dans ce tuyau pour lui montrer
que l'eau pesant sur la soupape, elle
était fermée et n'en laissait pas échapper
une seule goutte; il vida ensuite le tube.
« Maintenant, » dit-il, « tu sais qu'il
n'y a plus que de l'air dans ce tuyau.
Regarde bien ceci, c'est ce qu'on appelle
le piston d'une pompe. » Le piston était
un cylindre qui entrait juste dans le

tuyau ; il y avait, à la partie supérieure, une soupape semblable à celle qui fermait le bout du tuyau ; elle ouvrait aussi d'un seul côté et en dehors. Henri la souleva plusieurs fois avec son doigt pour montrer à Lucie qu'elle cédait facilement ; il lui en fit faire l'épreuve elle-même. Il mit alors le tuyau dans un seau d'eau ; il était soutenu par deux morceaux de bois qui l'empêchoient de toucher au fond du baquet, de sorte qu'il y avait de la place pour que l'eau entrât par la soupape inférieure. A la prière de son frère, Lucie tint le tube de verre droit, tandis qu'il faisait descendre le piston, auquel il y avait un long manche.

— « Maintenant, Lucie, que se passe-t-il dans l'intérieur du tuyau ? » dit Henri.

— « Rien que je sache, » répondit-elle ; « si ce n'est que tu as comprimé tout l'air dans le fond du tuyau. »

— « C'est très-vrai : distingues-tu la soupape du fond ? est-elle ouverte ou fermée ? »

Lucie dit qu'elle était fermée.

— « Et qu'est-ce qui la tient fermée ? »

— « L'air que tu as envoyé en bas et qui presse dessus, » dit Lucie.

Il poussa encore davantage le piston.

— « A présent regarde, et dis-moi ce qui arrive. »

— « Je vois s'ouvrir la petite porte qui est au haut du piston. »

Henri lui demanda qu'est-ce qu'elle croyait qui eût pu l'ouvrir.

— « L'air au-dessous, que je suppose que tu ne pouvais pas comprimer davantage, et qui s'est ouvert une route par en haut. »

Il leva alors le piston, et demanda ce qui en résultait. Lucie vit se fermer la soupape qui était au haut du piston, et l'eau s'élança dans le tuyau de verre par la soupape d'en bas qui s'était ouverte, et monta assez haut. Lorsque Henri fit de nouveau redescendre le piston, l'eau y entra, et lorsqu'il le retira, toute l'eau, portée jusqu'au haut du tuyau, s'écoula par le robinet.

— « Justement comme cela se fait dans la grande pompe, » dit Lucie.

— « Et maintenant tu sais ce que c'est que pomper, » reprit Henri.

Il pompa pendant quelque temps, puis il lui céda sa place pour qu'elle pût travailler à son tour. Il la questionna, et lui fit répéter son explication jusqu'à ce qu'il fût convaincu qu'elle avait clairement compris, qu'en pompant on ne faisait autre chose que de chasser l'air d'un certain espace, afin de produire un vide, dans lequel l'eau s'élance et s'élève; « ou plutôt, » continua Henri, « pour parler plus correctement, dans lequel l'eau est pressée et soutenue par l'eau et l'air environnant. Je devrais peut-être te dire qu'il n'y a point de vide *parfait:* mais je ne veux pas être trop exact et trop minutieux, d'abord, de crainte de te fatiguer. Je ne t'expliquerai donc point toutes les différences qu'il y a entre une pompe soulevante, une pompe aspirante, et une pompe refoulante; d'ailleurs, je ne suis pas bien sûr de les connaître à fond moi-même. Je ne te dirai même pas comment l'eau trouve toujours son niveau. »

—« Je te suis très-obligée, » reprit Lucie.

— « Je ne te parlerai pas non plus, » continua Henri, « du poids de la colonne d'eau qu'une certaine quantité d'air peut soutenir. »

— « Oh! pour cela, je crois que j'en sais quelque chose, » dit Lucie, « ou du moins je le savais autrefois. Cependant, je te remercie de ne pas m'en dire trop à la fois, et de ne pas essayer de m'expliquer aujourd'hui toutes les différentes pompes que tu as nommées. Il vaut mieux que j'aie dans la tête une idée bien nette du vide. Je l'entends à merveille ainsi que l'usage qu'on en fait; et je comprends tout ce qui arrive quand le piston remonte et descend. »

5*

— « Et à présent que tu sais ce que c'est que pomper, je vais prier maman de nous permettre d'aller à la grande pompe de la cour, Lucie, pour que tu puisses voir en grand, tout ce que tu as vu en petit. »

Leur mère descendit avec eux dans la cour. Le balancier de la pompe était si lourd, que Henri ne pouvait que difficilement le mouvoir; mais sa mère appela un des domestiques qui vint pomper pour eux.

Il remplit d'eau un seau, et comme il le levait pour l'emporter, il dit que lui et tous les gens de la maison étaient bien contens qu'on eût réparé la pompe qui était dérangée depuis quelque temps, car il était bien fatigant pour eux d'aller chercher plusieurs seaux d'eau par jour au puits du jardin. Cette observation fit réfléchir Lucie sur la commodité d'une pompe.

« Voilà une machine bien inventée et réellement utile, » dit-elle; « elle sert à un grand, grand nombre de personnes pour les choses les plus ordinaires, tous les jours, et presque à toute heure; et les ignorans peuvent s'en servir tout aussi bien que les savans : quelle excellente invention ! que l'homme qui construisit la première pompe dut être heureux,

quand il la fit aller, qu'il sentit l'eau
monter, et qu'il la vit sortir à gros bouillons par le robinet! »

— « Quel plaisir! » dit Henri.

— « A présent, mon cher Henri, ra-
conte-moi quelque chose de la pompe à
air. »

— « Non, non, ma chère, cela serait
trop, » dit Henri, prenant un air sage et
prudent. « Une pompe par jour c'est tout-
à-fait assez pour *toi*. Je te garderai la
pompe à air pour demain. »

Après tant de science et de sagesse,
que firent-ils ensuite? Comment Henri et
Lucie employèrent-ils le reste de cette
matinée, deux grandes heures?

Si je le dis, personne ne me croira,
excepté ceux qui sont encore enfans,
ou ceux qui connaissent bien la rapidité avec laquelle ces petits êtres turbu-
lens passent des plus graves études aux
plus grands enfantillages.

Henri et Lucie employèrent tout le
temps qui leur restait, à pomper avec la
petite pompe en verre, l'eau d'une mare
formée par la pluie dans le jardin d'Henri.
Ils auraient pu la dessécher en trois minutes, et deux cuvettes de moyenne grandeur eussent suffi pour contenir l'eau, et
pour l'emporter. Mais c'eût été une manière trop simple et trop facile d'accom-

plir ce grand ouvrage. Il fallait que tout passât à travers la pompe de verre; et ils travaillèrent jusqu'à ce qu'ils eussent mal aux reins, et jusqu'à ce que l'eau sale de la mare eût gonflé le cuir du piston, et embourbé la soupape; de manière à ce qu'elle ne pût remuer.

Pendant ce beau travail et le dessèchement de la mare, il arriva plusieurs mésaventures aux pantalons de Henri, et à la robe blanche de Lucie; blanche, elle ne l'était plus! Il est bon de remarquer ici pour l'instruction des petites blanchisseuses, qui essayent, d'une main inhabile, de laver les taches qu'elles ont attrapées en jouant, que plus Lucie essayait de se débarrasser des siennes, plus elles paraissaient. Ce qui semblait tout-à-fait effacé, tant que l'étoffe était mouillée, revenait en séchant; et les endroits lavés s'étendaient en larges ronds, entourés de cercles jaunes que rien ne pouvait faire disparaître; en sorte que la robe, au lieu d'avoir gagné à ces opérations, était pire qu'avant.

Elle n'était pas encore à moitié sèche, et Lucie venait à peine de terminer son cinquième savonnage, lorsque le bruit des roues d'une voiture se fit entendre. Quel désespoir! Ce devait être une visite; peut-être une des amies de Lucie

accompagnant sa maman. Le jardin était
juste en face de la maison. Henri sauta sur
ce qu'il appelait son trône; c'était un tas
de pierres d'où il voyait clairement la
voiture. Il ne la reconnut point. Lucie
grimpa après lui, au risque de se casser
le cou, pour partager les honneurs de son
frère, et pour aider son jugement de ses
yeux et de son imagination. Une dame sortit de la voiture : Lucie avoua qu'elle ne
savait pas qui c'était, mais elle imaginait
que ce devait être une certaine madame
Hanbury qui avait une visite à rendre à
sa mère.

— « Je suis sûre que c'est madame
Hanbury , et je parierais que sa fille
est avec elle. Je ne veux pas rentrer,
car mademoiselle Hanbury est toujours
fort à sa toilette, et je ne me soucierais
pas qu'elle me vît avec cette vilaine robe,
et sale comme je suis. Et toi, Henri, oh !
tu ne peux pas te montrer avec ces pantalons ! Je vais te faire voir comment madame et mademoiselle Hanbury nous regarderaient. Nous ne rentrerons point ,
n'est-ce pas ? »

— « Ma foi non, pour mon compte ! »
dit Henri. « Ce n'est pas que je me soucie
de la manière dont ta belle demoiselle
Hanbury et sa mère regarderaient, moi ,
ou mes pantalons : mais je déteste d'entrer

dans une chambre où il y a des étrangers. »

Henri fit pourtant la remarque que, malgré l'assertion de Lucie, que c'était bien madame et mademoiselle Hanbury, il n'était sorti aucune jeune fille de la voiture, mais seulement une dame et un monsieur.

— « Comment cela se peut-il ? » s'écria Lucie ; « il n'y a point de monsieur Hanbury. Mais ça m'est égal ; que ce soit qui ça voudra, nous ne rentrerons pas. »

Henri était entièrement de cet avis. Il détestait les visites, et surtout celles du matin.

— « Et moi aussi, et tout le monde aussi, » dit Lucie. « J'espère qu'on ne nous verra pas de la maison. J'espère que maman ne nous enverra pas chercher. Henri, ne ferions-nous pas mieux d'aller nous asseoir dans ton observatoire, dans le grand marronier ? »

— « Allons-y donc tout de suite, » s'écria Henri. « Donne-moi ta main, et je te tirerai en haut. »

Ils s'assirent tous deux bien à l'aise, dans l'observatoire de Henri, nichés au milieu du feuillage. Au bout de quelques instans, ils distinguèrent, au travers des branches, plusieurs personnes debout à la fenêtre du salon. Afin qu'on ne pût les apercevoir,

Henri proposa de laisser la niche où ils étaient, et de monter un peu plus haut dans ce qu'il appelait son grenier noir; les branches y étaient si épaisses, qu'il était sûr qu'aucun étranger ne pourrait les y voir, ou penser à les y chercher. Il conta à Lucie qu'il s'y était assis plusieurs fois tandis que des dames passaient sous l'arbre en causant, sans jamais se douter qu'il fût si près d'elles. A peine, cependant, furent-ils montés et logés en sûreté dans leur grenier, qui, pour dire la vérité, n'était guère en état de contenir deux hôtes à la fois, que Henri s'écria :

— « Ah! nous sommes perdus! voilà maman à la fenêtre, qui nous fait signe de venir. »

— « Mais elle ne peut pas nous voir, » dit Lucie.

— « Certainement non; à moins qu'elle n'ait aperçu mes pantalons blancs, quand je grimpais jusqu'ici. »

— « Tes pantalons blancs! oh non! je suis sûre que non. »

— « Mais la voilà, » reprit Henri, « qui remue son mouchoir de poche, Lucie. »

— « N'y va pas, n'y allons pas ; car à présent j'ai une grande raie verte, pire que tout le reste, sur le devant de ma robe, » dit Lucie. « Je suis sûre que ma-

man né nous voit pas, et je parierais
qu'elle n'a pas réellement besoin de nous,
mais peut-être que madame Hanbury nous
a demandés, et maman nous a fait signe
par politesse. »

Le signal fut répété, par intervalles,
deux ou trois fois. Lucie commençait à
douter de ce qu'elle devait faire. Mais la
crainte que madame Hanbury ne la vît
avec sa robe sale, l'emporta. Le mouchoir
de poche cessa de remuer, et ils restèrent
dans leur arbre, près d'une heure, beaucoup plus long-temps qu'ils ne s'y étaient
attendus d'abord. Henri avait pris son
parti dès le premier moment. Il n'eut aucune indécision pendant cette heure.
Comme il était assis bien à l'aise dans son
arbre, il se dit : « voici une bonne occasion
pour penser au problème que mon oncle
m'a donné à résoudre sur une cruche de
trois chopines, une de cinq, et une de
huit. »

Lucie l'interrompit plusieurs fois, en
montant et en descendant, pour voir si
la voiture était partie, et si sa maman
était encore à la fenêtre. Enfin, ayant réussi
à résoudre son problème, il la retint de
force par sa robe, insistant pour qu'elle
s'assît tranquillement, et cherchât à le résoudre aussi, l'assurant que cela lui ferait
paraître le temps fort court.

« Il y avait un propriétaire qui avait deux faneurs. Par un jour bien chaud, ils travaillèrent fortement à faire le foin. Quand ils eurent achevé la meule, assez tard dans la soirée, le propriétaire les fit venir à la porte de son vestibule, et leur dit : « Mes braves gens, vous devez être très-altérés ! Je vais vous donner de la bière pour vous rafraîchir. Il y en a là huit chopines pour vous. Mais il faut que vous partagiez cette bière, de manière à ce que chacun de vous en ait exactement la moitié, et cela, avant qué vous en buviez une seule goutte. »

— « C'est très-facile à faire, » dit Lucie ; « chacun en eut quatre. Quel drôle de problème as-tu là ? »

— « Doucement, doucement, madame Brouillon, tu auras encore de la peine à le trouver. Le monsieur n'avait que trois cruches dans sa maison : la première contenait huit chopines, la bière était dans celle-là ; la seconde en tenait cinq, et la troisième trois, et ces deux dernières étaient vides. A présent, arrange-toi comme tu voudras, Lucie, et divise la bière dans ces cruches, de manière à ce que tu puisses me prouver que chaque homme a eu exactement ses quatre cho-pines. Tu peux verser la bière d'une cruche dans l'autre aussi souvent qu'il te plaira. »

Lucie commença, et versa et reversa d'une cruche dans l'autre, en imagination, pendant quelque temps sans succès; elle avait beau faire, il y avait toujours à la fin de ses mesures cinq chopines dans la cruche de huit, et trois dans celle de cinq. Enfin elle découvrit comment elle en pourrait venir à bout, et démontra à Henri qu'elle l'avait divisé également.

« Vois-tu, Henri, quatre chopines dans la cruche de huit, et quatre chopines dans celle de cinq. »

Son attention avait été si fort absorbée par cette énigme, qu'elle n'avait point entendu le bruit des roues de la voiture qui s'éloignait, et lorsque tous deux sortirent de leur cachette, ils furent tout surpris de ne plus voir le carrosse.

Ils rentrèrent enfin dans la maison; leur mère leur dit qu'elle était fâchée qu'ils n'eussent pas paru plus tôt, parce que la dame et le monsieur qui étaient venus la voir, étaient extrêmement aimables, et lui avaient raconté plusieurs choses fort amusantes et fort intéressantes.

— « Ah mon Dieu! maman, ce n'était donc pas madame et mademoiselle Hanbury? » dit Lucie; « que c'est désagréable! Je suis fâchée, maman, que nous ayons manqué des choses si amusantes. Qui étaient donc ces personnes-là? »

— « Sir Rupert et lady Digby, les amis de votre père. »

— « Mais je n'en avais jamais entendu parler, » dit Lucie.

— « C'est très-probable, ma chère. »

— « Maman, quelles sortes de choses vous ont-ils donc contées ? » demanda Lucie.

— « Ils nous ont donné des détails sur un naufrage qui est arrivé dernièrement sur le bord de la mer, tout près de l'endroit où ils demeurent. »

— « Oh ! maman, racontez-le-moi ! » s'écria Henri.

— « Oh, je vous en prie, maman ! » reprit Lucie.

— « Dites-moi d'abord, ne m'avez-vous pas vu vous faire signe de rentrer, mes amis ? » dit leur mère.

— « Oui, maman, nous vous avons vue, » répondit Henri ; « mais nous croyions que ce serait ennuyeux, et nous ne nous souciions pas de rentrer ; j'aimais mieux continuer ce que je faisais. »

Sa mère répliqua qu'elle ne l'aurait point appelé, à moins qu'elle n'eût jugé que ça valait bien la peine qu'il se dérangeât, et, » ajouta-t-elle en souriant, « il faut que tu acceptes les conséquences de ton choix, car je ne te dirai rien du naufrage. »

— « Je vous en prie, maman, dites-l
du moins à Henri; parce que c'est ma
faute si nous ne sommes pas rentrés. Je
ne me souciais pas de venir comme j'étai
parce que... voyez ma robe, maman ! »

— « En vérité, elle est bien salie et
bien tachée, » dit sa mère.

— « Oui; c'est l'eau de la mare, et
ma pompe de verre, » reprit Henri,
« c'est ma faute. »

La mère demanda à Lucie pourquoi
elle n'avait pas changé de robe. « N'en
as-tu pas d'autre, Lucie ? »

— « Si maman, » répondit-elle en
rougissant, » mais je n'en ai pu mettre
aucune, parce que l'une est si courte
qu'elle ne me vient qu'aux genoux; et
j'ai oublié de découdre le pli. Et la
jaune a un grand accroc; je comptais la
donner à raccommoder ce matin : et il
manque une manche à ma robe rose,
maman. Je l'ai toute déchirée hier soir
en prenant un livre sur le plus haut rayon
de la bibliothèque. »

Sa mère lui dit qu'elle ne voulait pas
qu'on recommençât aucune espèce d'expériences, jusqu'à ce que tous ces désastres fussent réparés; et que ses robes
fussent raccommodées.

« Je sais bien que j'ai eu tort, maman,
et je savais bien que vous me gronderiez.

Je vais monter de suite dans ma chambre pour découdre les plis; mais, maman, tandis que je n'y serai pas, *pourriez*-vous être assez bonne pour raconter à Henri l'histoire du naufrage? »

— « Je le *pourrais*, » dit sa mère en souriant, « mais je ne le veux pas. D'abord, je serais fâchée de le lui raconter en ton absence; mais du reste, je ne compte pas le lui dire du tout. Si je lui répétais tout ce que j'ai appris d'amusant ce matin, il espèrerait que je recommencerais une autre fois, et se fiant à ma complaisance, il ne s'efforcerait point de vaincre ce sentiment de timidité, qui l'empêche d'entrer dans un salon où il y a des étrangers, et qui lui fait toujours dire : « j'aimerais mieux ne pas y aller, et continuer à m'occuper de mes propres affaires. »

CHAPITRE VII.

La Pompe à Air, ou Machine Pneumatique ; des merveilles qu'elle opère.

— « C'est aujourd'hui la pompe à air, mon frère ! » s'écria Lucie. « Tu sais bien, comme tu avais coutume de dire à papa, c'est aujourd'hui le baromètre ! »

— « Mon oncle, » dit Henri, « a été assez bon, pour me prêter sa pompe à air portative, afin de te la montrer. N'était-ce pas bien de la bonté à lui ? » -

— « Oh ! oui, en vérité ! et comme c'est commode d'avoir tant de choses portatives ! un baromètre *portatif*, un hygromètre *portatif*, et encore une pompe à air *portative !* »

— « Maintenant, Lucie, rappelle-toi quelle est la principale chose que l'on fait en pompant. »

— « N'est-ce pas un vide ? » dit Lucie en hésitant, comme si elle eût craint de faire une méprise.

— « Oui, certainement, ma chère, »

reprit Henri ; « rassure-toi tout-à-fait là-dessus. »

— « Oh ! j'en étais presque sûre : seulement je n'osais te le dire d'abord , de crainte de me tromper. »

— « Ne t'effraie donc point. Quand tu sais une chose , dis-la avec assurance et avec certitude. La vérité ne peut pas changer du jour au lendemain : et d'ailleurs, tu sais que la vérité ne change jamais. »

— « C'est rassurant, Henri. N'est-ce pas Boyle qui a inventé la pompe à air, ou est-ce Torricelli? »

— « Ni l'un , ni l'autre. C'est cette poésie que tu as récitée, qui t'a mis ces erreurs en tête. Quand une fois on s'est mis quelque chose de faux dans l'esprit, il n'y a plus moyen de l'en faire sortir : et pourtant , tu n'as pas tout-à-fait tort. Boyle perfectionna beaucoup la pompe à air, et on la nomme quelquefois le vide de Boyle. Mais Boyle était trop honnête homme pour réclamer l'honneur d'avoir découvert le premier le moyen d'opérer le vide : j'entends de l'avoir appliqué le premier à la pompe à air. Il savait, et il l'a toujours dit, qu'Otto de Guerike en était l'inventeur. »

— « Eh bien ! supposons que cela soit, » reprit Lucie , « tu n'as pas besoin de m'en dire davantage là-dessus. Je ne me soucie guère de savoir qui, le premier, a trouvé moyen de faire le vide, ni qui l'a appliqué le premier à la pompe à air. »

— « Tu ne t'en soucies guère ; mais, ma chère Lucie, réfléchis donc à ce que tu dis. Supposons que j'eusse inventé la pompe à air, ou quelque chose d'aussi important, te serait-il égal, à toi, qui es ma sœur, qu'une autre personne m'enlevât l'honneur et la gloire de mon invention ? »

— « Oh non ! j'en serais fort en colère. Mais tu es mon frère, et tu es vivant. Il n'y a pas de doute que je serais très-fâchée qu'on voulût te voler ta gloire. Mais ces autres messieurs, M. Boyle et M. Otto-de-Guerike ne me sont rien à moi. D'ailleurs, ils sont morts et enterrés depuis long-temps, et qui veux-tu que ça intéresse à présent ? »

— « Beaucoup de personnes, » dit Henri. « Supposons que ce fût mon père, ou mon grand-père, ou mon grand-grand-père, crois-tu que cela ne m'intéresserait pas, ni toi non plus ? Eh bien, c'est la même chose pour les enfans d'Otto-de-Guerike ou de Boyle ; pour leurs petits enfans, ou les enfans de leurs petits enfans, s'il en existe. Et je sais qu'il y a une nombreuse famille des Boyles, et crois-tu que pour le monde entier, ils voulussent céder à d'autres le *vide de Boyle ?*

— « Je ne le pense pas, » dit Lucie ; « mais parlons donc de la pompe à air et du vide, sans nous disputer sur les inventeurs. »

— « Volontiers. Mais avant que je commence à te rien expliquer, rappelle-toi que ce que tu vas voir est une pompe à pomper de l'air, et non de l'eau. Ainsi ôte-toi tout-à-fait l'autre pompe de la tête. »

— « Je ne pense plus du tout à la pompe à eau ; je comprends que la pompe à air est pour pomper de l'air. Mais, mon frère, avant de commencer, laisse-moi te dire une chose. »

— « Eh bien, dis ; pourvu que ce ne soit pas de la poésie. »

— « Non ; seulement, c'est que je crois qu'un soufflet est une espèce de pompe à air. Hein, Henri ? »

— « Ce n'est pas si mal trouvé, Lucie. Un soufflet est, jusqu'à un certain point, une espèce de pompe à air : et cependant ça ne pourrait jamais être une véritable pompe sans deux soupapes. Mais ne continue pas à penser à cela, pendant que je t'explique autre chose. Maintenant, regarde la pompe à air de mon oncle : tu vois bien ceci, » continua Henri, et il lui montra du doigt une grosse cloche de

verre, qui était sur une espèce de piédestal. « Lucie, que crois-tu qu'il y ait là-
dessous ? »

— « De l'air, à ce que je suppose, »
dit Lucie.

— «Oui; cette cloche est remplie d'air,»
reprit Henri ; « elle ne renferme rien
autre chose. Ce qu'il s'agit de faire à
présent, est de tirer dehors tout l'air qui
est sous la cloche ; et cela se fait par le
moyen de ces pompes,» ajouta-t-il, en désignant deux grands cylindres de bronze
qui étaient sur le piédestal avec la cloche; ils communiquaient par le bas à un
tuyau qui ouvrait sous le verre même. Il
y avait un manche avec lequel, il avertit
Lucie, qu'elle pouvait faire descendre et
remonter le piston de ces pompes.

« De la même manière dont le piston montait et descendait dans la pompe
à eau, hier, » dit-elle. « Je vois, je vois :
c'est à peu près la même chose; seulement
celle-ci pompe l'air, et l'autre pompe
l'eau. Je comprends toute cette machine
à merveille. »

— « Attends, attends un peu, madame
Brouillon. Tu ne la comprends pas si
bien que tu te l'imagines. Tu ne vois que
les ressemblances, mais il y a des différences que tu ne vois pas encore, et que
tu ne peux pas voir, ma chère madame

Brouillon, parce qu'il faut beaucoup plus de temps pour distinguer les différences, que pour saisir çà et là quelques points de rapprochement, madame Broui... » Elle lui mit la main sur la bouche, afin de l'empêcher de répéter son sobriquet.

« Mon frère, ne m'appelle pas madame Brouillon; je serai aussi attentive que tu voudras, et je ne te dirai plus aucune des ressemblances que je vois; je me tairai, et je te ferai seulement signe de la tête, quand même je comprendrais parfaitement. »

— « Eh bien, regarde la machine qui est devant toi, » reprit Henri, « et observe ce que je fais. Je vais mouvoir la poignée que tu vois en haut ; elle élèvera un des pistons. Qu'est-ce qui est dessous le piston ? »

— « Rien, » dit alors Lucie; mais ensuite elle ajouta, « je crois qu'il y a un vide. »

— « C'est vrai. Et qu'arrive-t-il à présent ? »

— « L'air y entre tout de suite pour le remplir, à ce que je suppose, » dit-elle.

— « D'où vient-il ? » demanda Henri.

— « Il faut qu'il vienne de la cloche, à travers ce tuyau, qui conduit de la cloche au bas des pompes. »

— « Alors, quand cela arrive, il y a
moins d'air dans la cloche qu'auparavant,
n'est-ce pas ? » dit Henri. « Si je fais
redescendre le piston, qu'en résultera-
t-il ? »

— « Tu refouleras l'air qui est sous
le piston jusque dans le tuyau, et de là
dans la cloche, » répondit Lucie, « à
moins qu'il n'y ait une soupape au bas de
la pompe qui se ferme contre l'air, et
l'empêche de retourner d'où il vient.
Quoique je ne la voie pas, je suppose
qu'il y a cette même soupape, parce que
tu m'as dit qu'elle était nécessaire dans
toutes les pompes. »

— « Tu supposes fort bien, et tu as
très-bonne mémoire. Il y a effectivement
une soupape qui empêche l'air de retourner dans la cloche, quand je pousse le
piston en bas. Mais, que devient cet
air ? »

— « Il sort en dehors par la soupape
du piston, à ce que je suppose, et se mêle
à l'air extérieur. »

— « Très-vrai. Maintenant, je vais
faire encore aller le manche, et répéter
l'opération. J'aurais dû te dire que la
force expansive de l'air nous aide à pomper. »

— « Je ne comprends pas cela, » dit
Lucie.

— « Si, ma chère ; tu le comprendras si tu veux seulement te rappeler les expériences que papa nous a montrées avec une vessie. »

— « Oh, il y a si long-temps ! »

— « Oui, mais tu dois te souvenir d'avoir vu la vessie s'enfler par la force expansive de l'air ; et tu te rappelles peut-être, qu'après avoir soufflé dedans pendant quelque temps, nous ne pûmes pas y faire entrer plus d'air ; la vessie devint si grosse, si grosse, que nous pouvions à peine tenir l'ouverture pour l'attacher. »

— « Je me le rappelle, » dit Lucie.

— « Si nous avions lâché le cordon, et que la vessie se fût ouverte toute grande, que serait-il arrivé ? »

— « Tout l'air en serait sorti. »

— « Oui ; tu sais que l'air se dilate et remplit tout espace vide. Maintenant que j'ai tiré tout l'air que j'ai pu de la cloche, et qu'il n'y a plus rien dedans, c'est ce que nous appelons un vide ; quoique les gens très-précis te diraient, Lucie, qu'il n'y a point de vide parfait. »

— « Oh ! je me contente bien de ton explication, » dit Lucie, « et je crois qu'à présent je comprends réellement la pompe à air. N'y a-t-il point d'autre différence entre elle et la pompe à eau, mon frère ?

Tu as dit qu'il y en avait une grande...»

— « Je l'ai dit, et je t'expliquerai ce que c'est, si tu veux répondre à mes questions, patiemment. Dans la pompe en verre que tu as vue hier, qu'est-ce qui pressait l'eau et la faisait entrer dans le vide au-dessous du piston? »

— « C'était l'air extérieur; le poids de l'air pesant sur la surface de l'eau qui était dans la cuve, la forçait à entrer dans le tuyau. »

— « Exactement. Il en est de même dans toutes les pompes à eau. Mais ici il n'y a point d'eau sur laquelle l'air puisse peser: comment donc ce vide se remplit-il? »

— « Par le poids ou la force de l'air, seulement, à ce que je crois, » dit-elle.

— « De quel air? » demanda Henri.

— « Il faut que ce soit l'air dans la cloche, car je n'en vois point d'autre; mais il y en a si peu, si peu, que ça ne peut pas être assez pesant. »

— « Non, » dit-il, « ce n'est pas par le *poids* que cette pompe agit, mais par l'*élasticité* de l'air même: c'est là la différence que je voulais te faire observer, entre la pompe à air et la pompe à eau. »

— « Par l'élasticité de l'air? »

— « Oui, tu as senti la force de cette

élasticité dans-la vessie, quand elle était pleine d'air. »

Lucie dit qu'elle aimerait à la sentir encore ; elle l'avait presque oubliée. Henri souffla dans une vessie, et la remplit de vent : et lorsqu'elle fut gonflée , il la pria d'essayer de la presser : et elle sentit l'espèce de résistance que l'air lui opposait. Après qu'elle eut pressé la vessie , elle la vit revenir à sa première forme.

— « L'élasticité de l'air dans la cloche, » reprit Henri, « est ce qui remplit le vide au-dessous du piston, chaque fois qu'on le remonte. Maintenant, en voilà la description, avec une planche, dans les Dialogues Scientifiques ; et c'est tout ce que tu as besoin d'en savoir pour le moment. Attends, je vais chercher la gravure de la pompe à air dans l'Encyclopédie de Rees, pour voir si je n'ai rien oublié de ce que je devais t'expliquer. »

Comme il ouvrait le livre , Lucie vit les gravures , et fit une mine un peu effrayée.

« Ah mon Dieu! il semble qu'il y ait autant de différentes pompes à air , qu'il y a d'hygromètres ! » dit-elle en soupirant.

— « N'aie pas peur, je ne veux pas te les montrer toutes, » reprit Henri ; « mais, maintenant que tu connais le principe général, tu trouverais aussi facile de les comprendre que moi. »

— « Oh non ! » dit Lucie, « il y a un si grand nombre de tuyaux, de soupapes, et de petits *a, b, p, q, s !* »

— « Ils n'ont rapport qu'aux différens perfectionnemens faits pour empêcher l'air extérieur de rentrer, tandis qu'on pompe l'air hors du verre qui doit se vider : c'est ce qu'on s'applique constamment à faire le mieux possible. Une pompe est meilleure qu'une autre, selon qu'elle opère le vide plus complètement et plus facilement, et selon qu'elle épuise ou vide parfaitement le vase. A propos, j'aurais dû te dire que ce vase s'appelle un *récipient*, et lorsqu'il est vide, on le nomme un *récipient épuisé*. Je me suis bien tourmenté pour savoir la signification de ces mots. »

— « Merci, Henri, de t'en être souvenu pour me le dire. »

— « A présent, ma chère Lucie, tu vas faire aller un peu la pompe à air toi-même, comme tu as fait aller la pompe à eau, hier. »

— « Oh ! merci, merci, » s'écria-t-elle avec joie. « Il n'y a rien de tel que de travailler soi-même ; ça fixe si bien les choses dans la tête ! Je me rappelle beaucoup mieux leur forme, et leur usage, quand je les ai touchées. »

Tandis qu'Henri plaçait sa machine, de manière à ce qu'elle fût plus commode pour Lucie, elle se tourna pour regarder le livre de gravures qui était ouvert sur la table. « Comme cette pompe à air est bien faite, » dit-elle. « Elle est toute pareille à celle de mon oncle ; pas tout-à-fait pareille, peut-être. J'aurai soin de faire bien attention aux *différences*. »

— « Elle est en effet très-semblable, » dit Henri; « il n'y a point de différences importantes. »

— « Si nous n'avions pas eu celle de mon oncle, » reprit Lucie, « je crois que tu aurais pu me faire connaître la pompe à air tout aussi bien d'après cette gravure; c'est-à-dire, après avoir vu la pompe de verre hier et sa soupape, et son piston; car sans cela je ne l'aurais pas compris d'après cette planche, parce que je ne vois ici que l'extérieur d'une pompe. Quand bien même tu m'aurais décrit les soupapes, et que tu me les aurais expliquées clairement, je ne les aurais jamais si bien comprises qu'en les o ant, en les touchant et en les faisant mouvoir moi-même. »

— « Certainement, » dit Henri ; « mais quand on ne peut avoir la chose même, ces gravures ou ces dessins aident beaucoup. Regarde, quoique tu ne voies que l'extérieur de la pompe, dans cette gravure-là; dans celle-ci, voilà l'intérieur d'une pompe à air, ouverte tout exprès pour que tu puisses l'étudier. Tu sais ce qu'on entend par une *section?* »

— « Oh oui ! » dit Lucie. « Supposons quelque chose coupé en deux; ce qu'on voit dans l'intérieur de chaque partie, quand elles sont séparées, est une section. Papa m'a expliqué cela, et me l'a montré en partageant un citron en deux pour moi. Je me rappelle aussi bien que si je l'avais encore devant les yeux, l'intérieur du citron, avec les pépins coupés à moitié, chacun dans leurs petites cellules, qui étaient ouvertes aussi, et je me rappelle..... »

— « Fort bien, ma chère, » interrompit Henri, « tu te rappelles très-bien ce qu'on entend par une section, ainsi tu comprendras cette planche et cette figure. Mais, Lucie, ne crains donc jamais de me dire que tu ne comprends pas; tu sais que je n'ai appris ces choses que tout dernièrement, moi-même, et je me souviens des drôles de méprises que j'avais coutume de faire, et de la peine que j'avais souvent à trouver ce que papa me demandait. »

Lucie regarda les gravures sans alarme. Comme elle savait ce qu'elles représentaient, elle ne se mit point l'esprit à l'envers, et elle ne craignit pas de se trop fatiguer.

Après avoir examiné la section, elle dit que tout lui paraissait aussi clair que si elle l'eût vu à travers une glace. Un moment après elle marmotta à demi-voix quelque chose sur un homme qui avait une fenêtre au cœur; mais, soit qu'elle ne parlât pas assez haut pour qu'Henri l'entendît, soit qu'il ne jugeât pas à propos de relever la chose, il ferma le livre en disant : « maintenant, nous avons assez des gravures. Je croyais, il n'y a qu'un moment, que tu étais fort impatiente de faire aller la pompe à air toi-même, Lucie. »

— Je le suis encore, Henri; seulement ce n'était pas tout-à-fait prêt, et je regardais les gravures, en attendant. A présent, laisse-moi pomper. »

— « Pompe, comme cela, » dit-il, en lui montrant comment il fallait tenir le manche, et le mouvoir en arrière et en avant, de manière à ce qu'il fît travailler les deux pistons à la fois.

Elle le fit aller, mais non sans peine. Après qu'elle eut pompé pendant quelques minutes, elle trouva que la difficulté augmentait, et demanda d'où cela venait.

Henri lui dit que c'était causé par la résistance qu'occasionnait la pression de l'air extérieur , qui devient plus grande à mesure que le récipient est de plus en plus épuisé d'air. Il ôta la cloche , posa la main de Lucie sur l'ouverture du tuyau qui communique avec les pompes, et lui dit de faire aller doucement les pistons avec son autre main. Elle le fit, et sentit la partie de la paume de sa main qui était au-dessus du tuyau, attirée en dedans. Son frère lui répétait : « doucement, doucement! » comme elle faisait aller la manivelle. Il n'y eut bientôt plus besoin de le lui dire , car elle sentit sa peau attirée assez fortement pour lui causer une douleur vive, et elle devint toute rouge de peur.

— « Oh, mon frère, ça me fait bien mal, bien mal! Je ne puis pas ôter ma main, que faut-il que je fasse? »

— « Cesse de pomper, » dit-il , « et ne t'effraie pas; il n'y a point de danger. »

Elle cessa , et son frère tourna une vis de manière à laisser rentrer l'air dans le récipient: elle fut soulagée, et montra à Henri un cercle violet autour de la paume de sa main.

Il la plaignit un peu, très-peu. Lucie trouva que ce n'était pas tout-à-fait assez.

« Je sais , » dit-il , « exactement combien ça fait de mal, parce que j'ai

fait la même chose cent fois ; mais je voulais t'en faire faire l'essai. Tu as dit toi-
même qu'il n'y avait rien de tel pour se
rappeler les choses, comme d'y toucher
et de les sentir. Que crois-tu qui t'ait
causé cette douleur ? »

Lucie répondit d'abord qu'elle n'en
savait rien.

« Parce que tu penses à la douleur
que tu as à la main, » dit-il.

— « C'est vrai, mais elle commence à
diminuer. Que me demandais-tu ? »

— « Je te demandais ce qui t'avait
fait enfler la main, comme si le tuyau qui
donne dans le récipient l'eût attiré à lui,
ou sucé ? »

Elle réfléchit un moment, et répondit :
« Je crois que c'était la pression de
l'air extérieur qui essayait d'entrer dans
ce trou pour remplir le vide, et qui, en
étant empêché par la paume de ma main,
la poussait en dedans aussi fort qu'il pouvait. A présent je suis bien sûre d'avoir
senti la *pression* de l'air *invisible ;* laisse-
moi te réciter ce vers :

« L'élastique pression d'un invisible agent. »

Henri le répéta après elle, déclarant
qu'il le trouvait fort joli, d'autant mieux
qu'il avait au moins le sens commun. Lucie
l'avait dit juste au bon moment, sans l'in-

terrompre, et sans le déranger de ce qui l'occupait. Il en fut si charmé qu'il lui demanda de réciter de nouveau tous ces. vers pour lui ; et lorsqu'ils allèrent visiter leur jardin, au lieu de commencer à labou- rer, il la pria de lui redire encore une fois les vers, parce qu'il voulait les ap- prendre par cœur. Lucie fit naître ainsi en lui un peu de son goût pour la poésie, tandis que de son côté il lui faisait par- tager son amour pour la science.

En récitant les vers, Lucie remarqua que les uns faisaient allusion au baro- mètre, et les autres à la pompe à air. Lors- qu'elle les avait d'abord appris, tout cela s'était si bien embrouillé dans sa tête, qu'elle n'y comprenait presque rien.

« Le tube épuisé d'air, reçoit l'argent liquide ;
De la boule brillante il monte dans le vide ::
Là, balance de l'air, il a pesé les Cieux ;
Ou, suivant des autans le cours capricieux,
Selon le froid, le chaud, et le sec, et l'humide,
Il varie, et prédit leur changement rapide. »

Elle savait maintenant que c'était la description du baromètre, et les vers suivans celle de la pompe à air :

« Vois comment, dans la pompe où le piston
s'agite,
La soupape s'entrouvre, et l'air se précipite ;

Puis, pressé de nouveau dans sa prison d'airain,
Vois comment il s'enfuit par un nouveau chemin
A chaque coup, plus froid, plus rare est le fluide :
Le cristal s'obscurcit d'une vapeur humide ;
Sa voûte, que partout l'air presse avec effort,
Est l'empire du vide où le silence dort ! »

Tandis qu'Henri apprenait ces vers par cœur, Lucie qui les lui soufflait, s'arrêta au sixième.

« Je ne comprends pas ce passage sur le « cristal qu'obscurcit une vapeur humide. » Je n'ai pas aperçu de vapeur sur la cloche de verre. »

Son frère lui dit que ce passage avait rapport à un fait dont il ne lui avait pas encore parlé, que son père ne lui avait fait observer que tout dernièrement, et qu'il ne comprenait pas encore d'une manière assez nette, pour essayer de le lui expliquer.

Lucie l'assura qu'elle se contenterait d'attendre, qu'il valait mieux ne pas tout savoir à la fois, et qu'il était agréable d'avoir toujours quelque chose de nouveau devant soi. Mais elle avoua que, quoique la pompe à air lui parût une machine curieuse et ingénieuse, en ce qu'elle se servait de l'air pour chasser l'air en dehors, cependant, elle regardait la pompe à eau comme une invention beaucoup plus importante, et surtout beaucoup plus utile. Elle croyait que la pompe à air ne servait à rien.

Henri sourit, et répondit: « Je le croyais aussi d'abord, mais c'était par ignorance. Quand tu en sauras davantage, tu verras que la pompe à air est d'une grande utilité. Il y a beaucoup d'expériences dans l'histoire naturelle que papa m'a montrées, qui n'auraient jamais pu être faites sans elle, ainsi que beaucoup de découvertes. Par exemple, pour t'en donner un peu l'idée, figure-toi que, sans la pompe à air, on n'aurait jamais pu découvrir qu'une pièce d'or, comme un louis ou une guinée, et une plume, tomberaient à terre en même temps, s'il n'y avait point d'air pour les soutenir, et résister à leur chute. »

— « Un louis et une plume! de l'or qui est si lourd et une plume qui est si légère! Oh, mon frère! »

— « C'est très-vrai, je t'assure ; tu le verras toi-même un de ces jours. »

— « Henri, je crois que je me rappelle à présent d'avoir entendu dire cela sur un louis et une plume, ou de l'avoir lu quelque part; et il y avait aussi quelque chose sur ce que le louis ne faisait pas plus de bruit que la plume en tombant. Tu me montreras cela aussi, n'est-ce pas ? »

— « Je ne suis pas trop sûr de le pouvoir, Lucie, » reprit Henri. « J'ai déjà essayé dans cette pompe à air, et je n'ai pas réussi. La pièce d'or tombait sur la plaque de métal qui est ici en bas, et cette plaque touchant à l'air extérieur, elle retentissait et faisait du bruit. »

— « Je ne comprends pas bien pourquoi ça doit faire du bruit, et pourquoi ça n'en fait pas ? » dit Lucie.

— « Je ne peux pas te l'expliquer encore ; il faut que je recommence cette expérience-là, pour m'assurer si j'ai tort ou raison. Quant à ce que le louis et la plume tombent à terre en même temps, j'en suis tout-à-fait sûr, car je l'ai essayé plusieurs fois, et ça n'a jamais manqué. »

— « Montre-le-moi donc, tout de suite. »

— « Non, pas à présent. Tu verras tout cela, et beaucoup d'autres choses avec le temps. Mais, Lucie, comment pouvais-tu dire que la pompe à air ne servait à rien ? Quand tu sauras tout ce qu'elle fait, tu verras que tu t'es joliment trompée. Tu verras que tout ce que nous savons sur les gravités spécifiques, sur les différens poids des corps, et beaucoup d'autres faits très-curieux sur le son, et je ne puis te dire combien de charmantes expériences, combien de belles découvertes sur l'air qui sort des végétaux, sur la croissance des semences et

des plantes, et encore d'autres expériences
sur les différentes sortes de *gaz*, comme on
les nomme... Je te dis, ma chère Lucie,
qu'aucune de ces choses n'aurait pu être
connue sans la pompe à air. Et quant
aux gaz... Oh ! ma chère, je ne peux pas
t'expliquer encore de quelle étonnante
importance sont les gaz. »

Lucie ouvrit de grands yeux, et resta
immobile regardant son frère, comme si
elle croyait ne pouvoir jamais admirer
assez tant de merveilles; après une pause
respectueuse, elle répéta le mot « *gaz !* »

« — Oh ! ma chère Lucie, ne me demande encore rien là-dessus. Tu es encore
bien, bien loin des gaz. Mais puisque tu
as si bonne envie d'apprendre, je te mettrai à l'eau bouillante ce soir, pendant le
thé, et je te ferai arriver à la vapeur, et
à la machine à vapeur. »

— « Merci, » dit Lucie, sans savoir
clairement ce qui allait lui arriver.

« A présent, finissons la nouvelle
route qui mène à mon jardin, » reprit
Henri. « Mais, avant de nous mettre au
travail, j'espère que tu avoueras que
la pompe à air, outre qu'elle est fort ingénieuse, est au moins aussi utile que la
pompe à eau. Hein, mademoiselle Lucie,
vous n'avez pas l'air bien convaincue. »

— « Il faut que j'attende jusqu'à ce

que j'aie vu et compris toutes ces choses,
avant de pouvoir décider. »

— « C'est très-sage et très-prudent,
en vérité, » murmura Henri, en frappant
les pierres qui pavaient sa nouvelle route
avec sa *demoiselle,* ou *hie.*

— « Eh mon Dieu, mon frère, que
puis-je dire autre chose, puisque tu m'as
dit toi-même, que j'étais si, si loin des
gaz : et assurément je ne comprends pas
un mot des gravités spécifiques dont
tu as parlé ; quant à l'expérience sur
la plume et le louis, je désire de tout mon
cœur la voir ; et je parierais que j'aimerai
aussi beaucoup les autres sur le son, les
semences, et surtout les plantes. Mais
toutes les expériences de ta pompe à air
sont curieuses pour de grands philoso-
phes : elles peuvent être utiles à des savans, mon frère ; et ce que je dis, moi,
c'est que la pompe ordinaire est plus utile
à tout le monde, et sert tous les jours.
Et tout ce que je sais, c'est que je préfère
les machines qui sont les plus utiles. »

Henri avait écouté patiemment et sans
rien dire tout ce beau discours, continuant à paver sa route ; mais quand elle
en vint aux derniers mots : « et tout ce
que je sais, c'est que je préfère les machines qui sont les plus utiles, » il jeta
par terre sa hie, en s'écriant : « Tu es

bien ingrate, Lucie! » et il s'essuya le front, car il suait à grosses gouttes. Puis, se reprenant, il ajouta : « je veux dire, ingrate envers la pompe à air. »

— « Mon cher, je n'ai pas voulu être ingrate envers la pompe à air, » dit Lucie, surprise qu'il prît feu si vîte. « En vérité, je n'avais pas l'intention d'offenser la pompe à air, ni toi non plus. Je croyais que tu ne te souciais pas que j'en préférasse une plutôt que l'autre. Qu'est-ce qui peut te faire prendre un si grand intérêt à ces pompes? »

— « Je n'en sais rien. Mais j'étais vexé de ce que tu ne voulais pas rendre justice à la pompe à air, et de ce que tu donnais ton opinion contre elle sans la connaître. Je trouvais que tu ressemblais à cette sotte femme qui disait à un grand chimiste : « A quoi sert toute votre chimie, si elle ne peut vous apprendre à me dire ce qu'il faut faire pour enlever les taches de rouille de ma robe! » J'espère, Lucie, que tu ne seras jamais si sotte et si ignorante. »

— « Jamais, j'espère, » dit Lucie, « et j'espère aussi que tu ne penses pas que jamais je ressemble à cette femme? »

— « Non, » reprit Henri; « mais revenons à la pompe à air. On peut s'en servir tous les jours, par un temps chaud, pour faire quelque chose d'extrêmement agréable. »,

— « Quoi donc? » demanda Lucie.

— « Des sorbets, des crêmes, » continua Henri ; « quelque chose en forme de pommes de pin, de pêches , de framboises : on en fait aussi au thé ; et maman m'a dit que ce n'était pas mauvais, même avec de l'eau simple. »

— « Est-ce que ce serait des glaces ? » dit Lucie.

— « Oui ; la pompe à air peut faire des glaces. »

— « Oh! Henri, je ne puis croire cela. Comment ça se peut-il? »

— « Cherche dans les *Conversations sur la Chimie*, ma chère, et tu le sauras. »

— « Vraiment! eh bien, j'y chercherai, » dit Lucie ; « mais avant, il faut que j'aie labouré cette plate-bande de mon jardin, rattaché tous mes œillets, donné à manger à mon lapin blanc , fini de dessiner le dernier serpent de ma tête de Méduse , rangé les soufres dans leurs cases, et étudié sur mon piano « le lever de l'alouette. »

— « Il n'est guère probable , qu'avec tant de choses à faire , tu te souviennes des *Conversations sur la Chimie*, et de la pompe à air. »

— « Tu verrras, tu verras, » dit Lucie; « j'ai toujours bonne mémoire pour tout ce que je désire faire. »

CHAPITRE VIII.

Première Expérience de Henri avec la Pompe à Air; de la Vapeur.

« Henri, j'ai fait tout ce que j'avais dit que je ferais : j'ai béché une plate-bande de mon jardin, attaché mes œillets, donné à manger à mon lapin blanc, fini de dessiner les serpens de ma tête de Méduse, rangé les soufres dans leurs cases, étudié sur le piano « le lever de l'alouette, » et lu, et compris tout ce que tu avais marqué pour moi dans les Conversations sur la Chimie.* »

— « Réellement ! Tu as fait bien des choses, » dit Henri, « beaucoup plus que je n'espérais. Je croyais que le lapin blanc t'aurait fait oublier tout le reste. Et as-tu entièrement compris ce que tu as lu ? »

— « Oui, car c'était très-clair. A mesure que je lisais, il me semblait voir chacune des choses qui étaient décrites; et quand j'ai eu fini, j'avais encore bien

---

* Huitième édition, vol. 1, pages 151 et 160. Une traduction de cet intéressant ouvrage paraîtra bientôt à Paris.

plus d'envie qu'avant de voir l'expérience
que tu as promis de me montrer. Veux-
tu t'y mettre tout de suite, avant que j'aie
oublié ce que je comprends, ou, comme tu
dis , tandis que ma tête *y est encore?* »

— « Je te la montrerai, aussitôt que je
pourrai : mais il me faut l'assistance de
papa. Il m'a défendu de faire cette expérience-là nous-mêmes , parce que l'acide
sulphurique, dont il faut se servir, est très-
dangereux à employer. Si nous en laissions
tomber sur nos habits , il emporterait la
place, et s'il en tombait une goutte sur notre
peau, il nous brûlerait cruellement. Ainsi,
prends garde, Lucie, ne va pas t'y frotter. »

— « J'y ferai bien attention, je regar-
derai, mais je ne toucherai pas. »

Tandis qu'Henri passait dans la chambre de son père qui préparait l'expérience,
Lucie parlait à sa mère du récit intéressant qu'elle venait de lire, sur la méthode
de faire de la glace dans l'Inde, pendant
les nuits les plus chaudes.

« Comme ils doivent être contens ,
maman, quand, le matin, ils trouvent de
la glace dans la terrine plate qu'ils ont
laissée à leur porte , toute la nuit.
Maman, » continua Lucie, « je pense
que l'Émilie et la Caroline de ce livre

jolies expériences qui y sont racontées ,

d'en causer avec leur maman, et d'être instruites par elle. Cette madame B*** a l'air d'une bien bonne et bien tendre mère. J'aimerais à la connaître, si c'était réellement une personne vivante. Est-ce qu'il y a une madame B***, maman? »

— « Oui, elle existe, Lucie. »

— « Elle existe! et la connaissez-vous, maman? » demanda vivement Lucie.

— « Oui, ma chère. »

— « Vraiment! et quelle personne est-ce? l'aimez-vous? Oh! oui, maman : je le vois dans vos yeux, avant que vous ne parliez. Vous l'aimez donc beaucoup? »

— « Oui, en vérité, Lucie.

— « Que je suis contente qu'elle soit de votre connaissance, maman! J'espère que je la verrai quelquefois. »

— « Elle est plus qu'une connaissance pour moi, c'est mon amie; et si tu le mérites, ma chère fille, j'espère qu'elle sera quelque jour la tienne. »

— Oh! mon frère, que penses-tu que maman me disait? » s'écria Lucie, courant au-devant de Henri, qui ouvrait dans ce moment la porte, et entrait suivi de son père. « Oh! papa, savez-vous?... »

Mais remarquant que son père avait les mains pleines, et que lui et Henri portaient avec attention tout ce qui concernait la pompe à air, elle cessa sagement ses exclamations, et s'arrêta tout court.

« Tu as raison de te taire, ma fille, » dit son père; comme elle restait immobile et sans proférer un mot, tout le temps qu'il préparait l'expérience qu'il voulait lui faire voir. « Il est très-ennuyeux et fort incommode d'entendre babiller des petites filles, ou même de grandes personnes, pendant que l'on est occupé à faire les préparatifs d'une expérience. »

— « Occupé et inquiet aussi, comme vous savez, papa, car quelques expériences sont dangereuses, » dit Henri.

Lucie avait appris, dans sa dernière lecture, qu'une évaporation soudaine produit un froid suffisant pour glacer, dans un vide, même quand l'air extérieur est de beaucoup au dessus du point de glace. Un thermomètre était près de la pompe à air, et suivant le désir de Henri, Lucie le regarda et vit qu'il était à 65 degrés (1), et elle sentait d'ailleurs qu'il faisait chaud dans la chambre.

Son père plaça sous le récipient une grande soucoupe creuse, pleine d'acide sulphurique, et il mit dedans une petite coupe pleine d'eau, qu'il éleva sur un petit piédestal et dans laquelle il plaça un baromètre, comme cela est expliqué dans les Conversations sur la Chimie.

Il demanda à Lucie si elle savait dans quel but on mettait là de l'acide sulphurique.

Elle répondit que le livre lui avait dit que l'usage de l'acide sulphurique était d'attirer et d'absorber les vapeurs qui se dégagent de l'eau, avant qu'elle soit glacée.

« Et pourquoi faut-il qu'elles soient absorbées ? » lui demanda son père.

— « Parce que nous voulons faire geler l'eau. »

— « Oui, certes. Mais tu ne m'expliques pas, Lucie, pour quelle raison nous voulons que l'acide sulphurique absorbe cette vapeur ? »

— « Mais, papa, parce qu'elle remplit une partie du vide, et qu'il faut qu'elle en soit ôtée, et c'est ce que fait l'acide sulphurique. »

— « Elle comprend, » dit Henri. « Maintenant nous pouvons aller en avant. Regarde ce qui arrive, Lucie ! tiens tes yeux fixés sur l'eau. »

Elle le fit, et vit bientôt de petits bouillons paraître à sa surface. « Elle commence à faire quelque chose, » dit-elle. « Mais elle a plus l'air de bouillir que de se glacer. »

— « Mais tu sais bien qu'avant de se glacer, l'eau doit paraître bouillonner. »

— « Oui, *paraître*. J'entends ce que tu veux dire, le livre me l'a expliqué. »

— « Voilà l'eau qui commence à se geler, » reprit Henri, « vois toutes ces petites pointes de glace. »

Lucie les regarda, et dit, que cela était fort curieux ; mais elle n'avait pas, à beaucoup près, l'air aussi surprise et aussi enchantée qu'Henri s'y était attendu; parce que, comme elle le disait, elle voyait seulement quelques minces et délicates pointes de glace, et elle avait cru que ce qu'il restait d'eau dans la petite coupe, se changerait tout à la fois en un morceau solide.

Henri lui avait parlé de glaces aux pommes de pins, et de différentes autres espèces de crèmes glacées, qui sont si agréables à prendre dans les grandes chaleurs, et pour lesquelles il vantait l'usage de la pompe à air. Mais Lucie pouvait à peine concevoir qu'elle fît une quantité suffisante de glace pour une si bonne et si utile chose. Henri demanda à sa mère, si elle voulait leur donner un peu de crème et de confitures, pour en faire des glaces ; il avait grande envie de démontrer à Lucie les avantages de la pompe à air. Leur bonne mère leur donna tout ce que désirait Henri ; mais, comme il avait été difficile même de glacer l'eau, elle doutait de leur succès. Henri était déterminé à essayer, car il avait entendu dire que c'était une chose ordinaire à Londres, que d'employer la pompe à air, ou machine pneumatique, dans la fabrication des glaces. Son père l'avertit qu'il se méprenait, mais qu'il n'avait qu'à en faire l'essai, et qu'alors peut-être il découvrirait en quoi consistait son erreur.

, . Henri mit la crême dans une petite tasse à thé, et Lucie la mêla avec de la gelée de framboises. Cette tasse fut placée dans une plus grande remplie d'eau ; et cette dernière sur le petit piédestal qui reposait sur la soucoupe, pleine d'acide sulphurique, le tout sous la cloche de verre de la pompe à air. Il arriva ce qui advient souvent aux apprentis, et même quelquefois aux physiciens déjà instruits : l'expérience ne réussit pas, et ils ne purent glacer la crême.

Ils essayèrent de se consoler en la mangeant ainsi que les confitures : mais, pour Henri, la consolation était très-imparfaite. L'honneur de la pompe à air et le sien propre étaient engagés, et il revint immédiatement à la question.

« Je suppose que c'est en mettant la crême et la confiture sous la cloche que je me suis trompé. On m'a seulement dit que la pompe à air était utile pour faire de la glace. Mais comment s'y prend-on pour les crêmes ? C'est ce que je ne puis deviner. »

— « Oh ça, je puis te le dire ! » reprit Lucie, « j'ai vu une fois la femme de charge faire des glaces aux framboises. »

— « Tu l'as vue ! et comment faisait-elle ? »

— « Elle mit la crême et les confitures dans un cylindre * de ferblanc : je crois qu'il était en ferblanc ou en étain, et elle l'entoura d'une grande quantité de glace pilée et de sel. Puis elle se mit à tourner, tourner, et toujours tourner le cylindre, jusqu'à ce qu'enfin la crême qui était dedans, fût toute glacée. »

— « Oh ! oh ! » dit Henri, « j'y suis maintenant. La pompe à air produit assez de glace pour entourer le cylindre où on met la crême, c'est en cela qu'elle est utile. »

— « Mais comment peut-elle en faire assez ? de la façon dont elle s'y est prise pour geler la petite tasse d'eau, elle y mettrait un an. »

Henri reconnut que cela était vrai, et il en appela à son père.

---

* C'est ce qu'on appelle en France une sabotière.

Il leur dit qu'on employait pour cet usage, des pompes à air bien plus grandes que celles qu'ils connaissaient, et que comme elles opéraient un beaucoup plus grand vide, beaucoup plus d'eau était congelée.

« Ainsi, c'est vrai, comme tu vois, Lucie. La pompe à air peut faire la glace, qui sert à faire ces glaces que tu aimes tant, et on l'emploie pour cela à Londres. N'est-ce pas, papa? »

— « Non, pas à Londres. Ce procédé serait trop coûteux, pour être de quelque utilité dans notre pays, mais je crois qu'il a été employé avec avantage dans l'Inde. »

— « Dans l'Inde ! Là, Lucie, tu vois comme la pompe à air est utile, et comme sa renommée va loin ! » dit Henri.

— « A-t-on réellement envoyé aux Indes pour cela une pompe à air faite en Angleterre? » demanda Lucie.

— « Oui, » répondit son père; « et quand nous irons à Londres, je te montrerai l'appareil de M. Carey pour faire de la glace. »

— « Oh! merci, papa; je verrai donc réellement faire de la glace, non pas en pointes petites comme des aiguilles, mais en quantité. »

— « Maintenant, Lucie, tu reconnaîtras, j'espère, que la pompe à air est bonne à quelque chose , » dit Henri.

— « Oui certes, je le reconnais , j'en conviens, je l'avoue. »

— « Et lorsque, en temps et lieu, tu auras acquis plus de connaissances sur ce sujet, tu apprendras, » ajouta son père, « qu'il y a d'autres choses dans les usages ordinaires de la vie auxquelles elle peut être utile. »

— A quoi donc, papa? » s'écria Henri.

— « C'est ce que je ne te dirai pas à présent, mon fils. »

Le soir, avant l'heure du thé, Henri et Lucie jouèrent aux dames, ensuite aux échecs, et Henri fut battu, car il pensait à quelque chose qu'il se proposait de dire à Lucie pour lui expliquer la machine à vapeur, et il ne vit pas un coquin de cavalier qui avait si bien surpris son roi, qu'il ne pouvait plus bouger, sans être échec et mat.

« Maintenant, à la machine à vapeur, que tu as promis de m'expliquer, » dit Lucie.

Henri craignait de ne pouvoir y parvenir, et il se tourna vers son père pour le prier de se charger de cette explication ; mais celui-ci désira voir d'abord, comment Henri s'en tirerait.

« Cela te sera utile, mon fils; c'est le seul moyen de t'assurer si tu la com-

prends parfaitement toi-même. On n'est
jamais sûr d'entendre une chose jusqu'à ce
qu'on l'ait expliquée à un autre. Si tes
idées se brouillent, et que Lucie s'effarou-
che, je viendrai à ton secours. »

Henri dit qu'il allait essayer, et il
commença ainsi :

« D'abord une machine à vapeur est
une machine.... » Là, il resta court ; puis
il reprit :

« D'abord, Lucie, il faut que tu
saches que la machine, appelée machine
à vapeur, fut inventée.... » Il s'arrêta de
nouveau. Une troisième tentative ne fut
pas plus heureuse ; il hésitait, rougissait,
et se tournant vers son père : « Je ne peux
pas l'expliquer devant vous, papa ; je suis
trop en peine. C'est drôle ! je n'ai pas
du tout peur de vous, papa, vous le savez
bien ; et pourtant je suis tout intimidé,
tout mal à mon aise. Je suis sûr que j'en
viendrais bien mieux à bout si vous n'étiez
pas là. »

— « En vérité ? » dit son père, en riant ;
« je vois donc qu'il faut que toi ou moi quit-
tions la place. Heureusement que j'allais
dans la pièce voisine. Est-ce assez loin
pour toi ? Quoique la porte soit ouverte, je
t'assure que je ne t'entendrai pas. »

— « Ce sera à merveille, » reprit Henri.

— « Mais que feras-tu de maman ? »

demanda Lucie, « il faut qu'elle reste pour faire le thé : voilà qu'on apporte l'urne. Ne vaudrait-il pas mieux aller tous deux dans la salle ? »

— « Non, non, maman ne me gêne pas ; et maintenant que j'y pense, l'urne me servira. Regarde, Lucie, la vapeur qui en sort. Te rappelles-tu, qu'il y a bien long-temps, mon papa tint une assiette froide au-dessus de la vapeur qui sortait de cette même urne ? »

Lucie se le rappelait parfaitement quoiqu'il y eût bien des années, des mois et des jours de cela. Elle se souvenait que le froid de l'assiette avait tout de suite fait revenir la vapeur en eau, et qu'on appelait cela la condenser. Elle se souvenait aussi qu'en penchant l'assiette, les goutes couraient l'une après l'autre, et se mêlaient en formant de tout petits filets.

« Bien, » dit Henri, tu te rappelles tout ce qu'il faut savoir : tu vois claire-ment que le froid peut condenser la vapeur, c'est-à-dire, la changer en eau. »

— « C'est très-clair. »

— « Maintenant, rappelle-toi une autre chose ; qu'est-ce qui prenait le plus de place, de la vapeur, quand elle était en vapeur, ou quand elle était redevenue de l'eau ? »

— « C'est quand elle était en vapeur

7*

qu'elle tenait le plus de place, » reprit Lucie. « Je suis sûre que tout ce gros nuage qui s'élève de l'urne à thé, et qui obscurcit l'air, se condenserait, à la minute, si tu mettais au-dessus une assiette froide, en quelques gouttes d'eau qui ne rempliraient pas la moitié d'une petite cuillère. »

— « Très-juste, » dit Henri. « A présent, ne pense plus à cela ; mais rappelle-toi notre conversation, il y a bien long-temps, sur l'eau de la bouilloire qui s'agitait si fort en bouillonnant ; te souviens-tu que je disais que si le couvercle était vissé et fermé hermétiquement, et que le bec fût aussi bouché, de manière à ce que la vapeur ne pût pas sortir, je pensais que la bouilloire éclaterait ? »

— « Je me rappelle tout cela, et papa dit que tu avais raison. Je me souviens aussi de la peur que me firent mes marrons en sautant du feu ; et de l'histoire que papa nous raconta sur ce plomb tout chaud qu'il avait coulé dans une petite branche humide de sureau, pour en faire un crayon ; et aussi de ce que j'ai lu* sur l'explosion d'une petite boule de cuivre, dans laquelle il y avait de l'eau ; qui, se

---

* *Dialogues Scientifiques.*

tournant en vapeur, la fit éclater, et fit sauter toute une fonderie. »

— « Alors, tu as quelque idée de la force de la vapeur dans son expansion. »

— « Oui, certainement. Je sais comme elle est terrible, faisant sauter, tuant, déchirant les gens! Quelle peur j'aurais eue, à la place de papa, quand il était petit garçon, si j'avais vu le plomb dans le sureau, s'élancer tout-à-coup jusqu'au plafond! J'ai bien été assez effrayée, seulement par mes marrons d'inde! »

— « Mais, lorsque cette force, si terrible et si prodigieuse, » reprit Henri, « est employée avec science et précaution, elle produit, comme je vais te le faire voir, les effets les plus surprenans et les plus utiles. Elle élève les eaux aussi haut et plus haut que la maison, et cela du fond des mines les plus profondes; elle peut soulever le poids de cette chambre, et de tout ce qui est dedans, aussi haut et plus haut, que le sommet des plus grands arbres. »

— « Oh mon frère! mon frère! » interrompit Lucie.

— « C'est exactement vrai. Elle peut faire plus en une heure, que deux cents chevaux et quatorze cents hommes. Elle peut traîner de lourdes charrettes chargées de charbon, comme tu en as sou-

vent vues, avançant pas à pas, tandis que les
chevaux tiraient avec peine ; eh bien,
elle peut faire marcher ces pesans cha-
riots avec autant de facilité que j'en ai à
tirer ta petite voiture. »

— « Mais, cher frère, comment puis-
je croire cela ? »

— « Elle peut pousser à travers la mer,
et contre le pouvoir de la marée et des
vents, les plus grands vaisseaux, avec
tout l'équipage, les passagers, leurs chevaux, leurs voitures et tout ce qu'ils
possèdent au monde. »

— « Est-ce réellement possible? » dit
Lucie. « J'ai entendu bien des gens parler
des bateaux et des machines à vapeur, et
je me rappelle que papa demandait à un
monsieur qui était ici l'autre jour, si sa
machine à vapeur avait une force de cent
chevaux. Mais je ne me doutais pas de ce
que c'était, et je n'aurais jamais imaginé
que la vapeur pût faire tout cela par elle-
même. Seulement de la vapeur comme ça? »
ajouta-t-elle, en fixant ses yeux sur le léger nuage qui sortait encore de l'urne à
thé.

— « Oui, seulement de la vapeur
comme ça, » répéta Henri. « Pense à
tout ce que nous autres hommes pouvons
lui faire faire à notre commandement. »

— « En vérité ; Henri, elle fait

plus au commandement des hommes,
qu'aucun des génies des Contes arabes:
plus qu'aucun des esclaves de la lampe
d'Aladin, car enfin leur ouvrage le plus
fort était seulement de transporter une
maison. »

— « C'est très-vrai, » dit Henri, et
pour cette fois, il fut content d'une allusion.

— « Mais, » continua Lucie, « j'aurais grand' peur que quelque jour, elle ne
s'émancipât, et ne fît quelques grands
malheurs, comme le magicien africain ;
te rappelles-tu ? »

— « Ma chère, je t'en prie, ne me dis
pas un seul mot de plus sur le magicien
africain. »

— « Seulement une chose, Henri,
une seule. Si tu me la laisses sortir de la
tête, je t'écouterai bien mieux. »

— « Non, ma chère Lucie. N'est-il pas
très-désagréable pour moi que tu veuilles
me dire tout ce qui te passe par l'esprit,
quand ça me fait oublier tout ce que j'ai
besoin de me rappeler pour t'expliquer la
machine à vapeur ? »

— « Ne te fâche pas, mon frère ; je
ne dirai plus un mot du magicien. Continue. »

Mais le pauvre Henri ne put pas reprendre de suite le cours de ses idées.

« Où en étais-je ? » se demanda-t-il à lui-même. « Qu'est-ce que j'étais en train de dire? » En parlant, il se grattait le front : puis il promena ses doigts dans ses cheveux à rebours, les faisant relever sur leurs racines, jusqu'à ce qu'ils fussent tout roides et droits, comme les piquans d'un porc-épic en colère.

« A présent, je me rappelle ce que je voulais dire, » s'écria Henri ; « regarde l'urne à thé, Lucie. Ah ! il est trop tard, il n'y a pas assez de vapeur. Elle n'est plus assez forte pour faire ce que je voulais te montrer. Mais d'abord, quand l'eau était bouillante, et que la vapeur s'élançait en haut, tu aurais pu voir qu'elle soulevait le couvercle de l'urne jusqu'à ce qu'elle se fût échappée ; alors le couvercle retombait et ne bougeait plus, jusqu'à ce qu'une nouvelle bouffée de vapeur se fût formée, et le soulevât encore. Je voudrais que tu l'eusses vu monter et descendre. »

— « Je l'ai vu bien souvent, » dit Lucie, « et je surveillais le couvercle, parce que j'avais peur quelquefois qu'il ne fût entièrement enlevé et jeté dans la chambre. »

— « Et ça serait arrivé, Lucie, s'il n'y avait pas eu ces petits trous ; tiens, regarde là, à travers lesquels la vapeur s'échappe, et qui ont été faits exprès, pour lui laisser passage, sans qu'elle fasse sauter le couvercle, ou qu'elle occasionne quelqu'autre malheur. »

— « C'est très-prudent, et je suis bien aise qu'il y ait des trous. »

— « Mais supposons qu'ils n'y fussent pas, » reprit Henri, « et que le couvercle fût lâche, comme il l'est maintenant. Si l'eau bouillait bien fort, comme l'on dit, si une grande quantité de vapeur s'élançait en haut contre le couvercle, et le poussait, tu sais qu'il serait enlevé. Et supposons que je mette ce poids dessus, » continua-t-il, en prenant sur la table un petit poids qui servait à retenir des papiers. « Et supposons que j'aie une lampe allumée sous l'urne, de manière à ce que l'eau bouillant sans cesse, envoie continuellement de nouvelles bouffées de vapeur, que penses-tu qu'il arrivera ? »

— « Je ne suis pas bien sûre, » dit Lucie, « si ce sera l'urne qui sautera, ou le couvercle avec le poids qui est dessus. Oh ! mais sûrement, ce sera le couvercle et le poids, parce que c'est encore la manière la plus facile que trouvera la vapeur pour s'échapper. »

— « Certainement. Il faut bien moins de force pour lever ce petit poids, que pour briser l'urne. La force expansive de la vapeur, tu le sais, je te l'ai dit, en-

lèverait la maison. Maintenant, supposons qu'au lieu de cette urne, avec une
petite lampe dessous, il y ait un grand
feu, aussi grand, et plus grand que celui
de la cuisine, et une énorme bouilloire
de fer, aussi grande et plus grande que
celle qui est en bas, toute pleine d'eau
bouillante : et sur l'ouverture de la bouilloire, suppose que nous mettions un cylindre, comme un corps de pompe, aussi
grand que celui qui est dans la cour, et
qu'il soit si bien adapté, que la vapeur
qui sort de la bouilloire ne puisse trouver
d'autre chemin que le cylindre. »

— « Alors, » dit Lucie, « comme la
vapeur courra au travers de la soupape
qui est dans le piston ! Quel beau nuage
il y aura en haut ! »

— « Un moment, un moment, Lucie ;
j'allais te dire que dans ce piston, il n'y
aura pas de soupape, ce sera une espèce
de bouchon plein. A présent, suppose
qu'avant que je laisse entrer la vapeur
dans la pompe, j'abaisse le piston jusqu'au fond. »

— « Mais, comment donc ? Alors, il
faudra qu'avant de laisser entrer la vapeur, tu mettes un bien grand poids sur
ton piston, pour le tenir en bas, car sans
cela, il sera lancé au plafond, comme le
fut le plomb du crayon de papa. »

— « Et je présume, » dit Henri, « que ton grand poids serait aussi lancé à travers le plafond qu'il mettrait en pièces. Considère donc, ma chère, que si la petite quantité d'eau qui était dans l'étui du crayon de sureau de mon père, suffit, lorsqu'elle fut devenue vapeur, pour lancer le plomb au plafond, et que si la petite quantité d'eau laissée dans une petite boule de cuivre, put la briser et faire sauter une fonderie tout entière, un volume de vapeur, comme celui que j'ai supposé, enlèverait et ferait sauter en l'air cette chambre et tout ce qui est dedans. »

— « Mais, si c'est là ta seule manière d'enlever de grands poids, et de transporter des maisons, je ne vois pas à quoi elle est bonne. »

— « Patience, Lucie. Suppose que nous connaissions d'avance la pesanteur de ce que nous voulons soulever, nous pourrons calculer, amoindrir le feu, diminuer la vapeur, jusqu'à ce qu'il n'y en ait que juste assez, et pas plus, pour enlever doucement le poids jusqu'à la hauteur qu'il nous plaira. Supposons jusqu'au haut de la pompe. Tu vois qu'alors il n'y aura pas d'accident. »

— « Fort bien, » dit Lucie, « si tu peux calculer exactement, et ne pas faire de méprise, car c'est un point très-délicat. »

— « Maintenant, supposons qu'il te faille faire cela plusieurs fois, et que tu aies besoin de lever plusieurs fardeaux l'un après l'autre. Comment feras-tu? Tu as le piston et le poids qui pèse dessus en haut, et la vapeur dans le cylindre de la pompe. »

— « Je ne sais pas ; car je n'oserais pas ôter le poids de dessus le piston : j'aurais trop peur d'y toucher. »

— « Je ne te le conseillerais pas non plus, » dit Henri.

— « Alors, que puis-je faire ? »

— « Pense encore. »

— « Mais l'idée de cette vapeur qui va et vient à travers la pompe m'effraie. Je m'en vais te dire ce que je ferais. J'ôterais le feu bien vite, et je jetterais de l'eau dessus. »

— « Très-bien pensé. Mais il y a encore de la vapeur dans la chaudière, » dit Henri.

— « Je jetterais de l'eau froide dedans, si je pouvais, mais je ne pourrais pas y atteindre : hé bien, je jetterais de l'eau partout, en dehors, et cela refroidirait la vapeur. »

— « Mais, il y en aurait toujours dans le corps de la pompe, » dit Henri.

— « Je ne puis pas jeter de l'eau

dedans à cause du piston qui le bouche, »
reprit Lucie. « Hé bien, je jetterais de
l'eau froide autour, dessus, de tous les
côtés, et tout en haut sur le piston, et
je le refroidirais ; je le rendrais aussi froid
que l'assiette que mon papa tenait sur
l'urne, et plus froid encore, de sorte
qu'il condenserait la vapeur qui est dedans,
et la changerait en une très-petite quantité d'eau. »

— « Qu'arrivera-t-il alors ? » dit Henri.

— « Le piston retombera, puisqu'il
n'y aura plus rien pour le tenir en haut,
toute la vapeur étant partie. »

— « Et qu'y aura-t-il dans le cylindre ?
y aura-t-il quelque chose à la place de la
vapeur ? » demanda Henri.

— « Il n'y aura rien qu'un peu d'eau ;
ce serait un vide sans ces petites gouttes
d'eau, » répondit Lucie.

— « A merveille, en vérité. Maintenant tu as le piston tout en bas, comment
le remonteras-tu ? j'ai besoin d'élever encore un autre poids. »

— « Alors, tu sais bien, j'allumerai
le feu, et je ferai encore bouillir l'eau, » dit
Lucie.

— « Oui dà, et tu attendras donc
jusqu'à ce que le cylindre se soit ré-
chauffé ; car, tant qu'il sera froid, il
condensera la vapeur. »

— « Certainement ; j'attendrai qu'il soit chaud. »

— « Mais c'est un grand inconvénient d'attendre jusqu'à ce que tu aies rallumé ton feu, fait bouillir ton eau, et ainsi de suite. Ne peux-tu pas trouver quelque meilleur moyen de condenser la vapeur sans éteindre le feu chaque fois ? »

— Lucie réfléchit un petit moment, et répondit : « Peut-être, sans ôter le feu, serait-ce aussi bien, si je pouvais faire entrer de l'eau froide dans la chaudière et dans le cylindre de la pompe. »

— « Pourquoi dans la chaudière ? » demanda Henri. »

— « Parce qu'il en viendrait continuellement de nouvelle vapeur, si je ne l'empêchais pas. »

— « Mais, suppose que tu as condensé la vapeur dans le cylindre, et que tu n'as besoin du vide que pour un moment ou deux, juste ce qu'il faut pour que le piston retombe ; et suppose encore que pendant ce peu de temps tu peux empêcher la vapeur de monter dans le cylindre ; je n'ai pas besoin de te dire comment, mais cela se peut. »

— « Alors, je n'ai que faire d'éteindre le feu. Je condenserai la vapeur dans le cylindre, ce qui sera beaucoup plus commode, parce qu'après cela la vapeur sera prête à entrer dedans de nouveau, et à remonter le piston, si tu as un autre poids à élever. Mais je ne sais pas comment je ferai entrer de l'eau froide dans le corps de la pompe, je veux dire dans le cylindre. »

— « La vapeur, » dit Henri, « s'échappe dans une cuve séparée, appelée à cause de son usage, un condensateur; cette cuve est entourée d'eau froide, et ainsi la vapeur s'y condense à mesure qu'elle y arrive. »

— « Est-ce que c'est là toute la machine à vapeur? » demanda Lucie.

— « Non, ma chère Lucie, c'est seulement le principe général de toute machine à vapeur. Je ne peux pas t'expliquer tout à la fois, je t'embrouillerais trop. Il y en a plusieurs sortes. Dans celles qui sont inventées par M. Watt, la force expansive de la vapeur est employée de plusieurs manières, pour élever le piston, et pour le faire retomber. »

— « Je ne croyais pas qu'on pût jamais mettre la vapeur au-dessus du piston. »

— « On le fait : mais je ne te le disais pas d'abord, de peur de t'embarrasser de trop de choses, et je ne te décrirai pas exactement comment on y parvient. Il y aurait bien d'autres choses à t'expliquer sur la manière de faire enlever des

poids, ou de l'eau , et de faire marcher des
mécaniques de différentes façons. Notre
machine n'était qu'une manière mala-
droite de soulever des poids en les mettant
au-dessus du piston. Suppose que tu
veuilles élever l'eau d'un marais, tu met-
tras une poutre attachée par un bout
au haut du piston, comme le fléau d'une
balance , et avec cela tu pourras faire
travailler le piston d'une pompe, attachée
à l'autre bout de la poutre. »

— « Ce serait très-commode! » dit
Lucie, « et bien simple. »

— « Il y a beaucoup d'autres inventions, » continua Henri, « et beaucoup
d'autres manières d'employer la machine
à vapeur, à faire tourner des roues, à
tirer et pousser de côté, et dans toutes
les directions où l'on a besoin d'appliquer la force ou l'action ; mais je te
tuerais de lassitude, et tu n'en sortirais
jamais, si je te disais tout à la fois. Papa
a pris plusieurs jours pour m'expliquer
le parallélogramme, la *mouche*, le volant,
et l'excentrique, et... »

— « Oh, cher frère! » s'écria Lucie
en se bouchant les oreilles, « cela m'em-
brouillerait la tête à en mourir , en
vérité. »

— « Par conséquent, je te dirai que
tu n'entendras pas un mot de plus là-

dessus aujourd'hui : je veux te laisser les idées entièrement nettes, comme j'espère qu'elles le sont, sur le principe général, ainsi que l'appelle papa ; mais le voilà qui vient avec une lettre à la main. »

— « Maman commence à verser le thé, allons la trouver, » dit Lucie.

— « Encore une minute, ma sœur ; je t'en prie, quand papa te demandera d'expliquer ce que tu viens d'apprendre, ne t'intimide pas : sois courageuse, et ne te mets point dans la tête que tu ne sais pas ; ne va pas trop vite non plus, et par-dessus tout, je t'en supplie, ne te lance pas au-delà de ce que tu as réellement compris. Ne te jette pas dans un de *tes c'est comme ceci*, ou, *c'est comme cela*. Quand tu n'auras rien de plus à dire, arrête-toi. »

— « Je te le promets, Henri : je ne dirai pas un mot de plus qu'il ne sera nécessaire ; je ne ferai ni allusion, ni citation ; je serai comme ton cher Ménélas : je ne dirai que juste ce qu'il faudra dire. »

CHAPITRE IX.

La Machine à Vapeur ; la Broderie au Tambour.

« A présent, papa, voulez-vous demander à Lucie de vous expliquer ce qu'elle sait du principe de la machine à vapeur ? » dit Henri, en s'approchant de la table à thé, et prenant une figure composée.

— « D'abord, Henri, tu me permettras de faire lire à ta mère cette lettre, sur laquelle j'ai beaucoup d'observations à lui faire. »

Henri prit un air résigné, s'assit; avala son thé, mangea sa tartine de pain et de beurre, sans entendre un mot de la conversation, jusqu'au moment où son père se tournant enfin vers Lucie, lui dit : « Maintenant, ma chère, je suis tout à toi, et à la machine à vapeur. »

Lucie, qui avait écouté la lettre et les remarques auxquelles son contenu avait donné lieu, déclara qu'elle avait grand' peur que toutes les explications de machines ne fussent déjà sorties de sa tête.

Tout étonné, Henri tressaillit, en la regardant, et s'écria avec indignation : « Est-il possible, Lucie ! »

— « Chut, ne m'effraie donc pas, et peut-être que je pourrai me rappeler quelque chose. »

Elle essaya, chercha et se ressouvint de tout ce qu'Henri lui avait appris : elle parla distinctement, « ne dit que juste ce qu'il fallait dire, » et son père fut doublement charmé de la clarté qu'elle avait mise dans son explication, car cela prouvait que Henri avait parfaitement compris ce qu'on lui avait enseigné.

— « Je vous promets à tous deux, » dit-il, « de vous montrer une machine à vapeur, à la première occasion qui se présentera. »

Henri fut enchanté de cette promesse ; et Lucie, frappant des mains, s'écria : « Je sais que l'occasion ne tardera pas. »

Henri allait lui demander comment elle savait cela ; mais son attention fut détournée par une remarque de son père, qui le louait d'avoir su résister à la tentation d'expliquer à sa sœur les détails de la machine.

« Ça n'a pas été du tout difficile pour moi, papa, » dit Lucie ; « il m'a tout fait comprendre petit à petit. Et j'ai été fort surprise quand j'ai vu que j'avais tout deviné. Je ne savais où il en voulait venir avec cette assiette froide, et l'urne à thé, et la force d'expansion de la vapeur, et comment elle se résout en eau. Puis, j'ai vu clairement de quoi il était question. C'était juste, comme lorsqu'il s'amuse à me mener les yeux bandés dans l'allée. Je ne sais, ni où je suis, ni où je vais, jusqu'à ce qu'il m'ôte le bandeau, et alors je suis toute surprise de ce que je vois devant moi. »

— « Ah, ah, Lucie! je pensais bien que tu ne t'en tirerais pas sans quelque comparaison, » dit Henri. Mais il était assez content de celle-là. Il était si radieux de l'encouragement que lui avait donné son père, de l'espoir de voir une machine à vapeur, un bateau à vapeur, et du succès de Lucie, et du sien, qu'il ne put s'empêcher de dire un peu plus que juste ce qu'il fallait dire. Il allait commencer à lui citer les noms du premier, du second, du troisième et du quatrième inventeur de la machine à vapeur, et de ceux qui l'avaient perfectionnée, lorsqu'il fut heureusement arrêté par son père, qui lui demandait de lui atteindre un livre dans lequel il pourrait trouver une description poétique des merveilles opérées par la force expansive de la vapeur.

« Oh, je connais bien ce livre! » dit Lucie : « Henri, c'est celui dans lequel il y a des vers sur le baromètre et la pompe à air. »

— « La description de la machine à vapeur, » reprit le père, « commence par l'hommage dû à celui, qui, le premier:

« De la vapeur, domptant la terrible puissance,
En gouttes condensa tout son volume immense. »

« Qui était-ce, Lucie? »

— « C'est l'homme qui a inventé cette machine ; le premier qui a songé à jeter de l'eau froide dessus pour condenser la vapeur. »

— « Savary, ou le marquis de Worcester; je ne sais lequel,» dit Henri. «Vous savez , papa, qu'il y a eu beaucoup de disputes pour l'honneur de cette grande invention. »

— « Oui; mais laissons cela pour le moment, Henri; c'est de Savary qu'il est question dans ces vers. »

— « Lisez-nous donc encore, papa, » dit Lucie , « j'aime tant les vers! »

Le père continua :

« Le piston soudain tombe, et sous l'air qui le presse,
Dans sa prison d'airain, sans obstacle il s'abaisse ;
Elevant tour-à-tour ses bras garnis d'acier,
Sur son pied de géant, l'énorme balancier
Se joue, et s'abaissant il fait trembler la terre :
Le terrible pouvoir déracine la pierre,

Aux entrailles du monde il plonge un bras puissant,
Dans le profond abîme, en vain se débattant,
L'onde jaillit : la terre, au pouvoir qui l'explore,
Cède le noir charbon, ou le métal sonore. (2) »

— « Oui, j'entends : cela décrit la machine à vapeur pompant l'eau qui est dans le fond des mines, et en arrachant des charretées de charbon, comme Henri m'a dit qu'elle le pouvait faire. »
Le père continua de lire :

« Le vent résiste en vain, souffle à souffle il l'enserre,
Et dans des flancs de chêne avec effort le serre.
L'orage emprisonné mugit dans ses naseaux,
Et fait jaillir la flamme, et couler les métaux. »

— « Voilà les grands soufflets de forges et de fonderies, mis en mouvement par la vapeur, » dit Henri ; » je n'aurais jamais pensé qu'ils pussent si bien ronfler en vers. Je vous en prie, papa, voyons encore. »

« Ici, dans l'air, sa force amène un flot docile ;
La tour doublée en plomb, la citerne d'argile,
Servent de réservoir, et de nombreux canaux
Versent pour les cités leurs abondantes eaux.
Là, sur un fond tremblant la meule tourbillonne,
Et de ces biens dorés que chaque été nous donne,
Sa pression tournoyante a broyé tous les grains,
Et préparé l'espoir de nos joyeux festins. »

— « Comprends-tu, Lucie ? je ne sais plus si je t'ai dit que la machine à vapeur fait mouvoir des meules de moulins à blé et de toutes sortes de moulins. »

Lucie fit signe qu'oui. « N'interromps donc pas toujours mon papa, » dit-elle ; « quand je ne comprendrai pas, je saurai bien le dire, et j'ai tout entendu jusqu'ici. »

« Dans l'altière Nona, sur les cimes arides ;
Sur les sommets fendus, pour les mortels avides
Arrachant les trésors dans le roc enserré,
Sa forte main saisit le métal azuré.
Par des lèvres de fer la barre comprimée,
S'allong lentement ; sous leur force, élimée;
Avec vigueur poussé, l'impétueux volant,
Tourne l'épaisse vis qui crie en descendant :
Le métal aplati, qu'en rond elle façonne,
Sous le poids de l'acier qui bientôt s'y cramponne;
Quand les marteaux massifs tombent avec effort,
Reçoit la riche empreinte : et le coin qui le mord
Du lion britannique a paré sa surface,
Et sur le médaillon la harpe au lis s'enlace, »

— « Je suis sûr, Lucie, que tu n'entends pas cela, » reprit Henri.

— « Non, mais justement j'allais le dire à mon papa; j'attendais seulement qu'il arrivât à un point. Je sais, par

exemple , que Mona veut dire Anglesey (*). »

Son père lui dit qu'elle ne se trompait
pas, que les métaux azurés faisaient allusion aux mines de cuivre qui sont dans
l'île d'Anglesey ou Mona, et qui sont
exploitées par la machine à vapeur. Le
cuivre dans la mine étant bleuâtre, le
poète l'appelle : « le métal azuré de
Mona. »

« Les vers qui suivent décrivent les
machines employées pour monnoyer le
cuivre ; roulant d'abord ses épaisses barres
en lames minces comme un sou, puis
coupant ces mêmes lames en formes cir-
culaires, et les frappant enfin des armes
d'Irlande , de France et d'Angleterre,
la harpe, le lis, et le lion. Tout cela est
exécuté par des machines , sans secours
de mains d'hommes, et le tout, mis en
action par la force et le mouvement
d'une machine à vapeur. »

Henri était triomphant , tandis que

---

* Cette île située dans la mer d'Irlande , au
nord-ouest du pays de Galles, a huit lieues de
long sur six de large. La montagne de Parys ou
Parys , Mountain, contient une mine qui donne
une grande quantité de cuivre.

son père parlait des merveilles produites par la vapeur, et Lucie ne concevait pas comment cela se pouvait faire. Son papa répéta sa promesse qu'aussitôt que l'occasion s'en présenterait, il lui montrerait comment marchaient ces machines, et Lucie murmura à l'oreille d'Henri : « et ce sera bientôt peut-être. »

— « Est-ce qu'il n'y a plus rien, papa? N'y a-t-il pas de vers sur le bateau à vapeur? » demanda Henri.

— « Il y en a quelques-uns, mon enfant, et il est curieux qu'ils aient été écrits plusieurs années avant que l'on se servît des bateaux à vapeur, et dans un temps où un très-petit nombre de personnes instruites et ingénieuses avaient le courage de croire qu'un jour, la machine à vapeur pourrait être employée utilement, et avec sûreté, à faire marcher les vaisseaux. Cette prophétie, dans le temps où elle fut faite, semblait à presque tout le monde, purement poétique; et bien loin d'espérer qu'elle fût *sitôt* accomplie, on ne croyait pas qu'elle pût jamais s'effectuer :

« Et ta force puissante, invincible Vapeur !
Bientôt, du char rapide, et de la barque lente,
Traînera sur tes pas la marche triomphante. »

— « La « barque lente » marche mainte-

nant aussi vîte qu'il nous plaît, » dit
Henri ; « le char rapide est à venir, mais
j'ose dire qu'il viendra bientôt ; le croyez-
vous, papa ? oh ! lisez encore ceci : il y
a quelque chose sur un char volant, que
nous n'avons pas entendu. »

« Qu'un jour, guide du char qui vole sur les vents,
Ton pouvoir le dirige en des sentiers mouvans. »

C'était à dessein que son père avait omis
ces vers, et il s'abstint prudemment de
donner son opinion.

Henri, devenu pensif et silencieux depuis quelques minutes, s'occupait à brûler
un morceau de sucre dont il mettait les
gouttes couleur d'ambre, à mesure qu'elles
tombaient et se refroidissaient, dans la
bouche de Lucie. Quand le sucrier fut
enlevé, il trouva une nouvelle récréation
pour ses doigts et ses pensées, dans le
crochet à broder de sa mère qu'il tira,
tourna sens-dessus-dessous, brouillant la
soie, dérangeant le papier qui couvrait
l'ouvrage, jusqu'à ce que sa mère, ayant
pris l'aiguille de ses mains, il ne lui restât
d'autre ressource que de la regarder
travailler. Les deux coudes appuyés
sur le bord du métier, il suivait de l'œil
le mouvement du crochet. Lucie murmu-
rait de temps en temps à son oreille :

« Ne veux-tu pas venir jouer aux *Voyageurs* avec moi ? » Mais en vain elle le tirait par le bras, il restait immobile.

— « L'ouvrage de maman est comme une chaîne, » dit-il enfin ; « chaînon après chaînon, maille dans maille. »

— « Oui, » dit Lucie, « c'est pourquoi cela s'appelle un point de chaînette. »

Il regardait comment s'allongeait la chaîne, qui, avec le petit bruit vif de continuelles piqûres, s'avançait vers lui, formant, d'un bout du métier à l'autre, une ligne qui fut finie en deux minutes justes comptées à la montre. Alors les festons et les feuilles rondes et pointues, commencèrent à paraître sous la main de l'habile brodeuse. Rien ne semblait difficile à l'adroite aiguille à crochet.

« Cela va si aisément, » dit Henri, « il semblerait que ça se fait tout seul. »

— « Et penses-tu, Henri, que tu pourrais faire comme maman ? Oh, maman, je vous en prie, laissez-lui prendre le crochet pour essayer. »

Henri doutait peu qu'il ne réussît, si on le laissait faire, parce qu'il avait très-soigneusement observé comment s'y prenait sa mère ; il avait épié sa main sous le tambour, et avait vu, à ce qu'il disait, « comment, par un petit mouvement vif, elle accrochait le coton ou la soie sur la pointe recourbée de l'aiguille ; comment elle les tirait tous deux ensemble à travers la mousseline , exactement au milieu du dernier chaînon, et alors formait une nouvelle maille, avec un nouveau petit mouvement de tirailler et de tordre, puis enfonçait de nouveau l'aiguille. »

— « Fort bien observé, exactement décrit, je te l'accorde, » dit sa mère; « la théorie est parfaite ; voyons maintenant la pratique. »

Elle mit l'aiguille à crochet dans les mains de Henri, qui la trouva commode à tenir, parce que son manche d'ivoire était aussi gros qu'un porte-crayon , et d'un maniement facile pour un homme.

« Maintenant nous verrons comment les hommes brodent au tambour, » dit Lucie. « Oui-da, plonge le crochet, perce la mousseline, cela est aisé ; mais remonte à présent, ramène le crochet et la soie, s'il te plaît, et si tu peux. »

Henri tourna le manche d'ivoire en dedans et en dehors de son mieux, le pencha d'un côté, de l'autre ; tortilla et détortilla la soie en dessous sur le crochet, et tira, et tirailla ; le tout inutilement, et arriva enfin aux : « ouf!... et ayè! ne me regarde donc pas, je te prie : je ne puis rien faire quand on me regarde. »

— « Ni quand on ne te regarde pas, » dit Lucie.

— « J'ai fini ! » s'écria-t-il enfin, tirant de force le crochet, et faisant un grand trou dans la mousseline, à travers laquelle il l'arrachait avec effort.

— « Oh, Henri, quel trou ! »

— « Je ne sais comment cela s'est fait, » dit Henri, « mais l'aiguille est venue à tout prix et le chaînon avec : j'ai fait un de ces anneaux que vous appelez un point ; et maintenant à l'autre, vous verrez que je le ferai mieux. »

Il essaya encore, mais le trou rendait la chose impossible. Il arracha son premier, son seul chaînon et recommença dans un autre coin. Rien jamais n'éprouva autant sa patience, ou, comme il le pensait, la patience humaine. Mais, en réfléchissant davantage, il parvint cette fois à amener le crochet et la soie à travers la mousseline sans la déchirer. Il persévéra, et au bout d'un quart d'heure, il eut réellement fait un quart de pouce de points de chaînettes, tortus, fatigués, formés de mailles irrégulières courtes et longues ; enfin, comme l'appelait Lucie, un triste point de chaînette : mais n'importe, c'en était un, il était fait, elle ne pouvait le nier. Les doigts de Henri étaient si chauds qu'il les étendit sur la table pour les

rafraîchir, puis il soupira, reprit haleine ;
enfin , comme le remarqua son père, un
porte-faix n'en aurait pas fait davantage,
après avoir déposé le plus pesant fardeau.

C'était le tour de son père d'essayer
le crochet ; il avait une théorie aussi parfaite, quelque peu plus de défiance de lui-
même : ses succès ne furent pas beaucoup
plus brillans. Il y avait un tour de main,
une adresse que la pratique seule pouvait donner. Les deux apprentis discu-
tèrent très-savamment sur ce sujet, et s'ac-
cordèrent à convenir que leur parfaite
théorie les avait aidés, ou tout au moins
aurait dû les aider beaucoup.

« Mais comme maman le fait mer-
veilleusement vîte ! » dit Henri; « tra-
vaillez encore, maman, je vous en prie.
Comment pouvez-vous avancer si rapidement ? »

— « Tu trouves que je vais vîte ! pourtant tout ce que je fais en un jour, Henri,
serait fait par une machine en une heure, et
par quelle machine encore, qu'en penses-tu?
par ta chère machine à vapeur ! C'est un de
ses usages auquel tu n'aurais jamais songé. »

— « Est-il possible ? » s'écria Henri.

— « Quoi, ces petits festons si nets et
si jolis, ces feuilles pointues, tout cela
serait fait par une machine à vapeur? »
dit Lucie.

— « Une grande machine à vapeur ! »
dit Henri.

— « Maman, que j'aimerais à la voir
travailler au tambour ! »

— « Peut-être que je pourrai te la
montrer, mon cher, » reprit son père.

— « Et cela bientôt, » souffla Lucie
dans l'oreille de Henri.

— « Que veux-tu dire ? je t'entends
toujours répéter ton *bientôt*. »

— « Est-ce que tu n'as pas entendu la
lettre, mon cher, et tout ce que papa et
maman en ont dit ? »

— « Non, en vérité. »

— « Mais tu étais assis à la table à
thé à côté de moi, pendant tout ce temps-
là. »

— « C'est vrai, mais je n'ai pas entendu
un mot de ce qui se disait. »

— « A quoi pensais-tu donc ? »

— « Je ne sais trop, » répondit Henri ;
« je crois pourtant que c'était à un ressort
de sonnette. Quand je vis maman tirer le
cordon, je songeai que je te montrerais
demain le levier de la sonnette dans le
passage, et qu'il m'aiderait à t'expliquer
le levier de la machine à vapeur. »

— « Il faut que ta tête soit bien remplie de machines à vapeur, » dit Lucie.

— « Et de toi, chère sœur, puisque je
pensais à te montrer quelque chose. »

— « Merci, bon frère; je te dirai donc
tout ce que tu n'as pas entendu. La lettre
était une réponse de papa à monsieur
chose; l'homme... le monsieur... le mari
de cette dame qui raconta le naufrage, le
matin où je tachai ma robe avec l'eau sale
de la mare et de la pompe. »

— « Comment puis-je me rappeler
cela maintenant? mais explique-moi donc,
ma chère, de quoi il est question. »

— « La lettre de papa était pour
remercier ce monsieur de la peine qu'il
a prise de chercher une maison quelque
part, dans un endroit bien loin d'ici, sur
les bords de la mer. »

— « Et pourquoi papa le remerciait-
il de cela? » dit Henri.

— « Mais, mon cher Henri, que tu es
donc lent à comprendre! la maison est
pour papa et maman; et s'il y a assez de
place pour nous, nous irons avec eux. »

— « Vraiment? » s'écria Henri, en
tressaillant de surprise et de joie.

— « Très-vrai. Je l'ai entendu de mes
propres oreilles, et ce sont de bonnes
oreilles, et papa m'avait dit que je pouvais écouter. Sa lettre finissait comme
ça : « J'espère qu'il y aura deux petites
chambres pour Henri et Lucie : leur mère
et moi, désirons les emmener avec nous. »

— « Qu'il est bon! oh quelque petit

trou de chambre que ce soit, un petit
taudis! je coucherais dans un tiroir, dans
une coquille de noix! et toi aussi, Lucie,
n'est-ce pas? »

— « Certainement; mais si on ne peut
trouver de place pour nous, il faudra que
nous restions chez mon oncle. »

— « Oh! » cria Henri, poussant une
sorte de gémissement, « j'espère que
nous ne resterons pas chez mon oncle,
quoiqu'ordinairement j'aime beaucóup à
être avec lui : mais je n'ai jamais fait de
voyages, et un long voyage, encore avec
papa et maman! Lucie, pense donc comme
cela serait ravissant! voir des montagnes et
y monter avec mon baromètre portatif! »

— « Et sur le bord de la mer ! je n'ai
jamais vu la mer, moi, Henri. Je ramas-
serai de jolies coquilles sur le rivage,
des herbes marines, des hérissons de mer,
et nous vivrons dans une petite chaumière! oh! pense donc, Henri, dans une
chaumière! »

— « Nous verrons le bateau à vapeur,
la machine à vapeur, » reprit Henri;
« oh, je comprends à présent. Mais rappelle-toi, Lucie, qu'il n'est pas certain que nous y allions. Il faut tâcher
de ne plus y penser, de peur d'être attra-
pés à la fin. »

CHAPITRE X.

Les préparatifs de Voyage.

———

« Oh quelle joie ! Quel bonheur ! pour
toi, Henri, pour moi, pour tous deux ! »
s'écria Lucie. « Oh quel plaisir ! On a
descendu du grenier dans le cabinet de
toilette de maman la grande vache noire,
la petite malle, le sac de nuit, les coffres
de la voiture. Les paquets sont commencés, et nous allons partir. »

— « Nous, qu'en sais-tu ? comment en
es-tu si sûre ? Vois-tu, ma chère, je n'aime
pas à être attrapé. »

— « Qui est-ce qui l'aime ? mais il n'y
a pas de danger ; j'ai entendu la réponse
à la lettre de papa, et elle dit qu'il y a
de quoi nous loger tous : que seulement
un de nous sera dans un tout petit cabinet,
où il n'y a place que pour un lit et une
chaise. »

— « Qu'est-ce que cela fait qu'il soit
petit ? » s'écria Henri, « pourvu que je
puisse m'y fourrer. »

— « Et moi donc ! que je dorme sur un

sopha, n'importe où ; pourvu que nous y allions tous deux. »

— « Si nous n'y allons pas tous deux, il n'y aura plus de plaisir, » dit tristement Henri.

— « Mais, quand je t'assure que nous irons. Maman a arrangé tout cela. C'est après-demain, à six heures du matin, que l'on part. J'ai bien vite demandé à maman si je pouvais faire ton paquet et le mien dans la petite malle noire. Elle m'a dit de m'y mettre, si j'en étais capable, que seulement elle craignait que je ne m'y prisse pas bien ; mais je crois que je m'en tirerai. Apporte-moi donc vite dans le cabinet de toilette tout ce que tu veux emporter, pendant que je vais ramasser mes affaires en un clin-d'œil. »

Au bout d'un moment deux gros tas furent amoncelés sur le plancher du cabinet.

« Voilà toutes mes richesses, » dit Henri en montrant un des tas ; « il faut que j'emporte tout cela. »

— « Et voici toutes les miennes. J'espère que tout tiendra, » reprit Lucie, en regardant avec inquiétude la petite malle noire ouverte devant eux.

Henri, appuyant sa main sur le paquet de Lucie, lui fit voir qu'en le pressant, il devenait presque à rien. « Arrange et

foule mes affaires comme il te plaira; pourvu qu'elles tiennent, je ne m'inquiète pas
du reste. Seulement, fais vîte. Je vais
aller achever ma leçon de latin, et je
reviendrai à temps pour te voir fermer la
malle. Bourre tout ce qui me regarde,
comme tu pourras, ma chère, » répéta-
t-il en quittant la chambre.

— « Maman regardera comment la
malle est arrangée, quand elle sera finie, »
dit Lucie, « et je dois la faire de mon
mieux. »

Elle empaqueta, plia, serra, fourra
dans les coins, bourra, enfonça, le tout
en vain; il restait plus de la moitié des
paquets.

Alors elle ôta de la malle tout ce qu'elle
y avait mis, et commença, d'après l'avis
de sa mère, à diviser, pour son frère et
pour elle, toute cette quantité d'objets en
deux classes, les *nécessaires* et les *inutiles*. Par cette opération, le tas de son
frère fut diminué de plus des deux tiers,
et le sien presque de moitié. Quand Henri
revint, il ne fut pas du tout content de
cet arrangement; et pour le satisfaire,
elle mit de côté plusieurs de ses propres
livres, et réduisit son paquet exactement
à la même grosseur que celui de son frère.
Henri la laissa faire la malle. Se conformant aux avis de sa mère, elle étendit

chaque chose, l'une après l'autre, parfaitement à plat, pliant les vêtemens, le plus possible dans la forme et la grandeur de la malle, et ne laissant ni creux, ni intervalles ; elle parvint ainsi à faire tenir tout ce qui était nécessaire. Mais il y avait une chose de luxe qu'elle avait grande envie d'emporter ; c'était un carton arrangé pour contenir des coquilles. Elle l'avait entièrement vidé, afin de pouvoir le remplir avec une nouvelle collection ramassée sur le bord de la mer. A sa grande satisfaction, il resta juste assez de place pour le loger, dans l'intervalle que laissait le couvercle bombé de la malle.

Sa mère fut appelée pour voir comme la malle fermait facilement ; elle en examina l'intérieur, et prononça qu'elle était aussi bien faite qu'on pouvait l'attendre d'une main si peu exercée. Lucie courut faire part de ses succès à Henri, et le prier de venir voir comme sa boîte à coquilles était adroitement placée, par-dessus tous les autres effets, dans le dos voûté de la malle. Elle le trouva qui montait les escaliers, portant sous son bras quelque chose qu'elle prit pour un gros livre ; il lui demanda vivement si la malle était remplie.

— « Entièrement ; tout est rangé : viens vite la voir et tu la fermeras toi-même. »

Henri eut l'air contrarié, et dit qu'il
était bien fâcheux que la mâlle fût
tout-à-fait remplie, car il avait encore
quelq u chose à y mettre qu'il voudrait
bien emporter ; et son père venait à l'instant de lui dire que l'on ne pouvait pas
laisser cela dans la voiture, sans courir
risque de l'abîmer.

« Qu'est-ce que c'est ? apporte-le ,
et si ce n'est pas très-épais , peut-être
que je pourrai le glisser dedans. »

— « Peux-tu, » dit Henri, presque
honteux d'en faire la question , « peux-
tu faire entrer dans la malle ce que j'ai là
sous le bras? »

— « Cet immense in-quarto, Henri ! impossible ! il tiendrait la moitié de la malle. »

— « C'est seulement un faux livre, ma
chère. »

— « Faux ou vrai , cela ne le rend
pas plus petit. »

— « Mais comme il s'ouvre, et qu'il y
a un grand vide dedans, il y tiendrait
beaucoup de choses. A peine prendrait-il
de la place , seulement l'épaisseur de ses
quatre côtés, qui sont d'un bois très-mince
couvert de papier. C'est une chambre
obscure que mon oncle vient de me donner
tout-à-l'heure. »

— « Vraiment ! hé bien, j'essaierai,
je ferai de mon mieux. »

Mais, en ouvrant le faux livre, elle trouva qu'il n'était pas vide; il y avait un appareil qui tenait beaucoup de place. Elle remarqua surtout un verre qu'elle craignait de briser en foulant d'autres choses dessus. Henri la pressa cependant d'essayer. « Si l'on y empaquetait des effets mous, comme tes fourreaux, tout serait en sûreté. Si nous pouvons l'emporter, quand nous serons dans quelque joli pays et dans la petite maison sur le bord de la mer, nous verrons, dans le miroir de la chambre obscure, de si beaux paysages, les bateaux et les vaisseaux à pleines voiles; oh, je t'en prie, Lucie, tâche de la loger. »

— « Je laisserai ma boîte à coquilles, » s'écria Lucie, « et peut-être qu'alors je pourrai trouver de la place pour ton livre. »

— « Tu es la meilleure fille du monde, » dit Henri.

Elle courut à la malle, il la suivit, et remarqua comme le petit carton était adroitement placé : elle le prit pour le remettre dans son armoire, et il entendit le gros soupir qu'elle ne put étouffer tout-à-fait en refermant la porte, après l'avoir rangé.

« Ma chère Lucie, » dit-il, « je ne puis consentir à ce que tu renonces à ton carton; je suis sûr que tu désires autant l'emporter et y recueillir des coquillages, que je puis avoir envie de ma chambre obscure. »

— « Bah, ne t'en inquiète pas. »

— « Je m'en inquiète d'autant plus, que tu y renonces avec plus de bonté. »

— « Ce n'est pas la peine de t'en tourmenter; je peux, avant la fin de notre voyage, faire une autre boîte de carton, et nous aurons encore le temps de ramasser des coquilles sur le rivage; tandis que toi, Henri, tu ne peux pas faire une chambre obscure. »

— « C'est vrai, je te remercie, ma chère; mais il te faut défaire tout ce que tu avais rangé si soigneusement. »

— « Ne t'en inquiète pas, » répéta Lucie, « pourvu que je puisse tout faire entrer dans la malle. »

— « Attends, ma chère, tu n'as pas besoin de dépaqueter jusqu'au fond : la chambre obscure n'a qu'un tiers de la profondeur de la malle. »

Elle y entra effectivement; un petit espace restait vacant à chaque bout, et sur la largeur. Il fallait y glisser et y fouler tout ce qu'on avait ôté, cela servirait d'ailleurs à empêcher le ballotage, comme Henri le fit observer. Ce qui éprouvait le plus la patience de Lucie,

c'était de le voir là, debout, l'examinant
pendant qu'elle pliait, arrangeait, pressait
chaque chose ; disant à mesure qu'elle
mettait un effet ou un autre : « ceci n'ira
pas, » ou, « cela irait mieux, » etc. Après
qu'elle eut employé tout son savoir-faire
pour emplir la malle le plus possible,
une veste neuve, et une paire de pantalons à Henri restèrent sur le plancher.
La veste était garnie d'innombrables boutons durs et faits en pain de sucre, qui
tenaient une place énorme, et ne pouvaient être comprimés. Henri trancha la
difficulté en proposant de laisser, et veste,
et pantalons. Il était sûr qu'il s'en passe-
rait parfaitement. Mais, quand on en
appela à sa mère, elle décida qu'il fallait
absolument les emporter. Que faire donc ?
Henri prétendit que si cela ne donnait
pas trop de peine à Lucie, il voyait un
moyen de tout arranger.

« Je ne m'inquièterais pas de la
peine, » dit Lucie, « si je pouvais y parvenir à la fin. Mais je pense que c'est
impossible. Il est évident qu'on ne peut
rien faire entrer de plus dans cette malle,
sans briser les gonds, lorsqu'on appuiera
sur le couvercle, pour la fermer. »

Henri lui suggéra l'idée de la vider entièrement, pour mettre la chambre obscure
au fond. Peut-être alors que tout pour-

rait entrer : la veste avec ses gros boutons
tiendrait, comme avait tenu le carton à
coquilles, sous la courbure du dessus de
la malle; au lieu qu'en plaçant une boîte
plate en haut, il y avait, à ce qu'il lui
semblait, un peu de place de perdue.

Il n'était pas entièrement clair pour
Lucie, que son frère eût raison; mais
cependant, elle commença, de la meilleure
grâce du monde, à redéfaire de nouveau
la malle, en disant qu'elle allait essayer
de la manière de Henri.

Les gens de tout âge qui ont bonne
opinion de leurs talens pour emballer,
et qui est-ce qui ne l'a pas? sauront plus
de gré à Lucie de cela, que de tout le
reste. Elle recommença la malle, en se conformant aux avis de son frère, avec autant
de zèle et de bonne humeur que si elle
avait suivi ses propres idées. Nous sommes
heureux de pouvoir ajouter que cette fois
elle réussit parfaitement, et fit entrer
tout ce qu'il fallait; chambre obscure,
veste, pantalons, enfin tout, à la vive
joie et à la grande admiration de Henri.

— « Ma chère petite, » lui dit sa
mère, « je suis enchantée de voir, non
seulement ton amitié pour ton frère, je
n'en doutais pas; mais je suis ravie de ton
bon et heureux naturel. Un caractère égal
est nécessaire même aux gens du meilleur

cœur. J'ai souvent vu les personnes de
l'ame la plus excellente, prêtes à faire
de très-grands sacrifices à leurs amis ;
mais ce sont les petits sacrifices qui
nous sont le plus souvent demandés, et
auxquels les femmes doivent se résigner
presque chaque jour de leur vie. Quand
elles y mettent la prévenance et la
douceur que tu viens de montrer, ma
Lucie, elles se font chérir autant que
possible, et rendent les personnes avec
lesquelles elles vivent, parfaitement heureuses. »

— « Oui, comme vous faites, maman, »
dit Lucie. « Je pensais à vous quand je
défaisais la malle pour Henri ; je me rappelais qu'un soir à Coventry, la bonne
était sortie, vous étiez fatiguée à la mort,
et vous défîtes toute une grande malle,
parce que ma tante Pierrepoint prétendait
que quelque chose dont elle avait besoin,
était au fond ; et ça n'y était pas, après
tout. Maman, je me suis encore rappelée
du jour où vous avez renoncé à aller au
château de Warwick, quoique vous eussiez
grande envie de le voir. Eh bien, maman,
dans ce voyage que nous allons faire, vous
verrez que s'il me vient quelque épreuve,
je serai aussi bonne ; du moins en proportion. »

Dans ce moment Henri rentrait dans la

I.   9

chambre avec l'hygromètre et son registre en main. Il dit à Lucie qu'il croyait
inutile d'emporter le registre; qu'en voyage, ils changeaient de place chaque jour,
et que ce n'était bon qu'à tenir note du
temps qu'il avait fait dans un seul endroit.
Lucie fut enchantée qu'il eût renoncé à
cet embarras; elle était sûre qu'en voyage
ils n'auraient pu tenir ce registre exactement, et elle se sentit soulagée d'une
grande responsabilité quand Henri se dé-
termina à le laisser à leur oncle, pendant
leur absence. Lucie remarqua aussi qu'il
était à craindre qu'il ne leur fût pas possible de poursuivre régulièrement le cours
de leurs leçons de sciences, ce dont elle
était très-fâchée, tout en convenant que
les plaisirs du voyage la consolaient de
cette interruption.

« C'est vrai, » reprit Henri; « nous
abandonnerons nos leçons régulières jusqu'à notre retour. Mais, comme papa me
le disait tout-à-l'heure, nous aurons assez
à apprendre tous deux, et moi en particulier, en profitant des nouvelles choses
que nous verrons. »

— « Et quel plaisir ! » dit Lucie;
« oh grand merci, papa, merci aussi, chère
maman, de ce que vous avez pensé à une
si heureuse, une si agréable manière de
nous instruire ! »

~~~~~~

CHAPITRE XI.

Le Départ; les Araignées volantes; la Filature de Coton.

———

A six heures du matin, Henri et Lucie étaient assis sur le devant d'une voiture découverte, vis-à-vis de leurs parens ; ayant les sacs, les livres, et toutes les petites choses commodes et agréables rangées autour d'eux, soigneusement empaquetées ; le baromètre portatif de Henri était pendu à côté de lui. « Maintenant, fouette, cocher ! »

Les jeunes voyageurs se penchaient d'un côté, de l'autre, en se tenant aux poignées ou aux parois de la voiture, selon le conseil qui leur était toujours, et jamais assez répété. Ils disaient adieu à chaque objet bien connu, et demi-chagrins de quitter le logis, ils étaient cependant ravis d'aller voir de nouvelles choses. Le matin était beau, le soleil éclatant, l'air frais, et

« Sur les arbres, les fruits, les gazons et les fleurs,
On voyait briller la rosée. »

La route enfilait une ruelle, bordée de
haies couvertes des guirlandes parfumées
du chèvrefeuille ; de petites clochettes
blanches mouchetées de rose, avec leurs
feuilles d'un vert si frais , et leur tige
souple et ondoyante, couraient au travers,
dessus et dessous. La terre au bas des haies
était tapissée de fleurs des champs de toutes
couleurs. Il y avait une abondance de ces
petites mauvaises herbes, si on peut les
appeler ainsi, qui parent de leurs corolles
bleues, les bords des chemins et des prairies,
que tout le monde connaît sous un nom ou
sous un autre ; que les ignorans appellent
véronique, ou mort aux poules, et les
savans *Veronica Chamædrys*. Il y avait
aussi une grande quantité de ces plantes,
qui élèvent sur leur tige élégante et
droite, une pyramide de cloches cramoi-
sies tachetées de blanc ou d'un pourpre uni,
que les paysans nomment gueules de loup,
et les botanistes *Digitalis purpurea*.
Estimée des médecins comme la seule
plante qui puisse agir sur le sang pour
régulariser son cours, elle est aimée des
enfans parce que ses fleurs, serrées par
une main adroite, et frappées vivement
sur le front ou sur la paume de la main,
imitent le bruit d'un pétard. Henri demanda à Lucie si elle savait pourquoi les
gueules de loup sont appelées *digitales*.

« Non; pourquoi? »

— « Parce que *digitale* est le mot latin pour dire le doigt d'un gand. »

— « Et ces cloches ont la forme d'un doigt de gand, » dit Lucie; « mais pourquoi *gueules de loup?* Ah! c'est parce qu'elles ressemblent à une gueule toute sanglante. »

— « Peut-être aussi, Lucie, » reprit son père, « est-ce parce qu'on les trouve sur les lisières des bois, et dans les lieux qui, en France, sont hantés par les loups. »

À la fin de la ruelle, un grand pré nouvellement fauché s'étendait sur un des côtés de la route, et de l'autre on voyait d'immenses champs de blé. Lucie s'écria tout-à-coup :

« Regarde, regarde donc, Henri ! ces fils de la Vierge * qui brillent au soleil, dans toute l'étendue de la prairie aussi loin que nous pouvons voir. Comme ils se balancent à droite et à gauche, à chaque bouffée de vent. Oh, maman! je

---

* Les enfans appellent ainsi les toiles d'araignées que le vent disperse sur les champs, et que l'on voit quelquefois, en automne, après un beau jour, tomber lentement comme des flocons dans les airs.

vous en prie, voyez cette grande toile d'araignée tout étincelante de rosée ; n'est-ce pas joli? N'est-ce pas bien joli, Henri? »

Le « oui » de Henri fut dit d'un ton froid qui ne satisfit point Lucie. Cependant il regardait fixement les fils étendus sur le pré. Il était toujours plus curieux de connaître les causes de ce qu'il voyait que ravi de leur aspect. Pendant que Lucie admirait la toile qui dansait toute brillante au soleil, Henri considérait comment, et par qui, ces petits fils étaient filés et tendus. Lucie lui dit, que dans son livre favori des Insectes, et dans quelques autres ouvrages, elle avait lu quelque chose sur les fils de la Vierge. Elle essaya donc, à sa prière, de lui en rendre compte.

Elle lui raconta, du mieux qu'elle put, comment ces fils brillans étaient faits par un très-petit animal, l'araignée de jardin, qui, de même que toutes les autres araignées, tire de son corps une substance glutineuse qui se durcit à l'air. Quelques personnes pensent qu'elle laisse ses fils derrière elle, lorsqu'elle se lance dans l'espace en cherchant sa proie. D'autres disent qu'elle a le pouvoir de les darder en avant, les accrochant aux brins d'herbes, ou aux bords dentelés des feuilles et des buissons, et qu'une fois tendus, ces fils lui servent en quelque sorte de pont ou de route, pour passer d'un lieu à un autre, et courir de place en place. On appelle souvent cet insecte, araignée volante, et ses fils, *fils d'air:* quelquefois, on les voit flotter sur sa tête; quelquefois, entraînés par le poids d'une goutte de rosée, ils descendent lentement à terre, ou s'arrêtant aux branches épineuses des buissons, ils s'y suspendent, et s'y entortillent.

Henri demanda si elle avait jamais vu l'araignée lancer ces *fils d'air*, ou les jeter derrière elle.

Lucie n'avait pas vu tout cela, mais elle se rappelait, qu'un homme qui a écrit particulièrement sur l'araignée volante, affirmait qu'un jour il l'avait *vue* lancer cette substance en avant, et un moment après, monter dessus, et la parcourir.

L'exact Henri se préparait à demander si l'araignée volante court, ou rampe, monte, marche, ou s'élance sur ces fils déliés; si le vent la pousse et l'emporte, ou si elle se dirige de sa propre volonté. Mais Lucie, trop vive pour attendre ses questions, continua de lui raconter quelque chose qu'elle avait lu d'une autre araignée, qui file une soie, presque aussi belle, et quelques personnes disent plus

belle, que celle du ver à soie. Une paire
de bas faite avec les fils de cette araignée
fut présentée, comme Lucie l'assurait à
Henri, à l'Académie des Sciences de Paris, et y fut très-admirée*. L'attention de
Henri devint plus vive et plus respectueuse à cette mention de l'Académie des
Sciences.

« Je pensais justement , » dit-il ,
« qu'on pourrait tirer un grand parti de
tout ce fil ; qu'on pourrait le filer ou le
tisser. »

— « Oh ! on y a pensé avant toi. A l'é-
poque où les bas furent faits , des gens
s'imaginèrent que les araignées travaille-
raient aussi bien que les vers à soie. Ils les
mirent donc dans des étuis de papier ar-
rangés pour cela ; mais, après qu'on les eut
gardées plusieurs mois à filer dans leurs
petites cellules, on mesura leur ouvrage,
et il se trouva qu'environ trois cents des
plus assidues au travail, n'avaient pas produit autant de soie qu'un bon et la-
borieux ver à soie en fait dans le même
temps. »

---

* M. Bon, du Languedoc, était parvenu à faire
fabriquer cette paire de bas de soie et des mitaines
d'une belle couleur grise naturelle. Les expériences de M. de Réaumur prouvèrent la difficulté de
tirer partie de cette nouvelle branche d'industrie.

Henri prit encore le parti des araignées, et soutint que le grand nombre pouvait suppléer au peu d'ouvrage qu'elles faisaient; et que, comme nous les avions toujours à portée , il valait bien mieux les mettre à la besogne , que de les balayer, elles et leur toile , et de les écraser par terre. »

A ceci Lucie répliqua que l'araignée ordinaire que l'on balaye , et à qui l'on fait la chasse dans nos maisons , n'est pas l'araignée fileuse; que celles-ci n'étaient pas si communes qu'Henri se l'imaginait. « D'ailleurs, » continua-t-elle , « il y a beaucoup de défauts dans leur manière de travailler: elles brisent leur fil, ou ne le filent que par petits bouts; de sorte que l'on ne peut pas le dévider , mais seulement en filer plusieurs brins ensemble , et le rouet lui ôte son lustre. On se plaignit de ce manque de brillant dans la fameuse paire de bas présentée à l'Académie Française. Au contraire le ver file sans briser sa soie, et la tourne régulièrement autour d'un cocon qu'une personne soigneuse peut dévider aisément. Quelle longueur penses-tu qu'un ver à soie puisse filer sans briser sa soie, Henri ? »

Henri n'était pas juge très-expert dans cette science ; mais puisqu'il fallait deviner , il ne voulut pas du moins rester en

9*

arrière , et dit : « environ la longueur du champ sur lequel les toiles d'araignée sont étendues. » Ce qui pouvait faire un quart de mille.

Il ne croyait pas la chose possible, mais il voulait rabattre l'orgueil de Lucie sur les talens des vers à soie , en devinant beaucoup au-delà de ce qu'il supposait que ce petit insecte pouvait faire.

« Un quart de mille ! » répéta Lucie , « voilà qui est largement deviné ! Eh bien , tu sauras qu'un ver à soie peut , sans la casser , filer une soie qui, en la dévidant, tiendrait deux lieues de long, et cela en neuf jours, s'il n'est pas paresseux. Tu le croiras, ou tu ne le croiras pas, Henri, comme tu voudras ; mais c'est vrai. Et quelle araignée en fit jamais autant ? »

Henri avait l'air de chercher quelque nouvel argument en faveur des araignées ; mais il ne trouva rien à dire, si ce n'est, qu'il ne doutait pas qu'on ne finit par inventer quelque manière de les rendre utiles.

« Oh ! mon cher , » s'écria Lucie , « j'oubliais ma meilleure raison ; les araignées ne peuvent jamais travailler ensemble, comme les bons petits vers à soie, parce qu'elles se querellent, se battent, et se mangent l'une l'autre. Mon livre d'Insectes raconte , qu'on en mit, je né sais combien , plus de cinquante ou soixante dans une chambre, avec quantité de mouches, de moëlle de plumes, et de toutes les friandises qu'elles aiment, et il n'y en avait plus que deux de vivantes au bout de quelques jours ; et comme tu sais qu'il serait impossible de leur donner à chacune une maison séparée, cela finit la question. »

— « Oui , en vérité! » dit Henri, « jamais je n'aurais pensé à en rien faire, si tu m'avais dit d'abord qu'elles se mangeaient les unes les autres. Eh bien, Lucie,» continua-t-il , « grâce à toi et à ton livre d'Insectes, nous nous sommes joliment occupés et amusés à propos de ce champ couvert de fils d'araignées. »

— « J'ai toujours bien du plaisir à voir une chose, » reprit Lucie, « quand je la connais un peu ; quelque peu que ce soit. »

— « Quel plaisir n'aurons-nous donc pas à voir *la grande chose* que papa nous a promise! » dit Henri. « Papa, quand pensez-vous que nous verrons une machine à vapeur ? ».

— « Bientôt, mon cher ; nous sommes maintenant dans le comté de Lancastre, où il y a beaucoup de manufactures, toutes mises en activité par les machines à vapeur. J'espère que dans la ville où nous nous arrêterons pour déjeûner, je pourrai vous montrer *la grande chose*, comme tu l'appelles, Henri. »

— « Aujourd'hui ? ce matin ? » s'écria Lucie.

Henri, toujours grave, même dans sa joie, se leva cependant de sa place pour exprimer plus fortement ses remercîmens à son père ; et, d'un ton emphatique, commença ainsi :

« Je vous suis, *en vérité*, *très*-obligé, mon cher père. »

Mais tandis qu'il prononçait ces mots d'un air réfléchi, la branche d'un arbre sous lequel passait la voiture, accrocha son chapeau, et le jeta sur la route. Il fallait peu de chose pour faire rire Lucie, surtout quand elle était à jeûn ; aussi, long-temps après que le chapeau eut été rattrapé, et remis en place, et l'accident oublié de son père et de sa mère qui continuaient tranquillement à lire, elle se laissait aller à un rire inextinguible qui durait encore lorsqu'ils arrivèrent à la ville où ils devaient déjeûner.

Après déjeûner, ils se mirent tous quatre en marche, pour se rendre à l'endroit où ils devaient voir une machine à vapeur. Des objets variés attiraient tour-à-tour l'attention de Lucie, à mesure qu'ils cheminaient

dans les rues populeuses ; mais Henri
était si préoccupé de ce qui l'attendait
à la fin de sa promenade, qu'en passant,
il ne regardait ni à droite, ni à gauche.

Quelque vive que fût son attente, elle
ne fut point trompée par la réalité. La
facilité et le silence avec lesquels le grand
balancier de la machine à vapeur montait et descendait, le frappèrent d'admiration ; et, pendant quelques momens, il
resta immobile à regarder son mouvement
uniforme. Ensuite il jouit du plaisir de
reconnaître chaque partie de cette grande
mécanique qu'il avait vue dans les planches
qui servaient à ses études, ou qu'il avait
entendu décrire.

Lucie ne put pas comprendre d'abord
tout ce qu'elle voyait : elle ne pouvait re-
porter ses idées de la petite échelle des
gravures, à la grande dimension de la machine à vapeur. Une autre difficulté l'arrêtait : elle ne pouvait pas l'examiner en
même temps, dans toutes ses parties ; elle
ne savait où chercher la chaudière, et le
cylindre , et l'innombrable quantité de
petits tuyaux , embrouillaient ses idées.
Cependant avec l'assistance de son père,
elle parvint, par degrés, à se rendre compte
des parties principales, que l'on ne pouvait voir que dans les différens étages du
bâtiment, et non toutes à la fois.

Le bon Henri attendit pour satisfaire sa propre curiosité, que chacune des choses que Lucie souhaitait comprendre. lui fût devenue parfaitement claire; alors il commença à questionner son père. Il désirait connaître quel genre d'ouvrage faisait cette machine à vapeur. Il entendait des sons comme le travail d'une mécanique, et il aurait voulu savoir à quoi elle était employée. Le guide qui les avait admis, ouvrit alors une porte, et ils virent un très-grand appartement, rempli de machines tournant avec un petit bruit continu : des rangées de fuseaux, garnis de coton, semblables aux fuseaux d'un rouet à filer, étaient debout, droits dans les métiers et tournaient avec rapidité, atteignant presque à la moitié de. la hauteur de la pièce dont les plafonds étaient bas. Chaque fuseau était alimenté par du coton qui se défilait à mesure des bobines placées au-dessus. Entre chaque rangée, une femme, ou un enfant, veillait à l'ouvrage, et tenait tout cet attirail propre.

« Ce sont les métiers à coton d'Arkwright, » dit le guide. « Tout cela, et deux autres salles pleines de métiers, que vous pouvez voir si vous le désirez, au-dessus et au bas de l'escalier, est mis en œuvre par cette machine à vapeur. »

Lucie laissa échapper un cri de surprise, Henri était muet d'admiration. Retournant vers la machine à vapeur, il cherchait à découvrir où et comment le mouvement se communiquait à ces métiers chargés de fuseaux. Son père devina ce qui l'occupait, et lui montra un arbre tournant qui était le point de communication.

Henri avait vu une fois, il y avait long-temps, une manufacture de coton; mais il ne lui restait qu'un souvenir confus de fuseaux, de poussière et de bruit. Ici, comme il l'observa, il y avait à peine de la poussière, et presque point de bruit. Il était avide de tout examiner, et de tout entendre; mais, tandis qu'il n'avait pas assez d'yeux pour regarder, le vif tournoiement des fuseaux cessa tout-à-coup, et se retournant avec inquiétude vers la machine, il vit le grand balancier descendre avec un mouvement doux et comme expirant.

« Qu'arrive-t-il donc? » s'écria-t-il.

—« Rien, mon jeune maître, » répondit le guide, souriant de son alarme, « rien : seulement, c'est le temps de notre dîner. Nous arrêtons la machine, et tous les métiers se reposent pendant une heure, jusqu'à ce que nous revenions et que nous la remettions en mouvement. »

— « Est-il bien possible que la machine à vapeur, et toutes ces mécaniques, puissent être arrêtées sitôt, et si aisément ? » s'écria Henri.

L'ouvrier, content du vif intérêt qui brillait dans les yeux et dans les questions réfléchies de Henri, lui montra comment tout s'arrêtait, en fermant les soupapes des cylindres ; et comment la vapeur s'échappait au dehors, dès que la machine cessait de marcher.

Les femmes et les enfans se hâtaient de quitter la grande salle pour aller dîner. En peu de minutes, il n'y eut plus personne dans l'appartement ; et tout fut repos et silence. Henri parut découragé, abattu ; il craignait de ne plus rien entendre, ni apprendre de plus, et il se plaignit à Lucie de leur commun malheur d'être arrivés juste à l'heure du dîner des ouvriers. Mais cela devint au contraire une heureuse circonstance ; car leur père ayant demandé et obtenu la permission de rester, durant cette heure de repos, dans la filature, employa ce temps à leur expliquer, et à leur donner quelques notions sur le principe de la découverte des métiers à filer, et sur ses améliorations.

« Il est probable, » dit-il, « qu'on fila originairement partout, comme on

file encore dans l'Orient, et dans quelques
parties du midi de l'Europe ; en tenant
dans la main gauche quelque chose dans
le genre d'une quenouille, autour de laquelle on tortille ce que l'on veut filer,
du lin, du chanvre, ou de la soie, etc. De
la main droite, la fileuse tire quelques
brins, les réunit en un seul, et le fil est
tordu par un fuseau qui pend au bout,
et qui est d'abord vivement tourné entre
le doigt et le pouce. Quand le mouvement
cesse ou diminue, de manière à n'être
plus suffisant pour tordre le fil, ce qui
est filé se dévide autour du fuseau, et le
tournoiement recommence. C'est une manière simple, mais lente et ennuyeuse.
Elle se perfectionna par degrés : et le rouet,
cette ingénieuse invention qui t'est fa-
milière, Lucie, fut employée en Angleterre pour filer le lin. Tu sais que pour
la laine, il y a une autre sorte de machine. »

— « Oui, » répondit Lucie, « je me
rappelle la grande et large roue avec
laquelle j'ai vu une femme filer de la
laine. »

— « Passons maintenant, » reprit son
père, « aux différentes manières de filer
le coton et aux machines destinées à cet
usage. Pour entendre et suivre l'histoire
d'une invention, la première chose néces-

saire est d'avoir une idée nette de ce qu'il fallait faire, et des difficultés qu'il y avait à surmonter. Quand le coton est ôté de la balle, ou grand ballot dans lequel on l'apporte des Indes, il est généralement agloméré en monceaux durs et quelquefois fibreux. Pour le préparer à être cardé, on le bat avec des bâtons afin de l'ouvrir, et d'empêcher qu'il ne rompe ou gâte les dents des cardes. Puis, pour séparer ses fibres les unes des autres, on le carde. Les instrumens employés à cet effet, ressemblent à ceux dont on se sert communément pour carder la laine. Quand on ôte le coton des cardes on lui donne la forme d'un rouleau ou ruban, d'un pied de long. Dans l'ancienne manière de filer, pour seconde opération, on attachait l'un des bouts de ce ruban à un fuseau de bois placé horizontalement, et qui tournait au moyen d'une grande roue. Le fileur donnait un tour au rouet, en éloignant la main dans laquelle il tenait l'autre bout du ruban : alors le coton s'allongeait, supposons d'un pied à cinq, et en même temps il se trouvait tordu. Sa main inclinait toujours un peu, de sorte que le fil glissait à chaque tour, par-dessus le bout du fuseau, jusqu'à ce que le trouvant suffisamment tordu, le fileur changeât la direction de sa main, et le mouvement continuant toujours, le fil tordu se dévidait, et le fuseau faisait bobine. »

— « J'entends cela, » dit Lucie; « je l'ai vu faire en filant de la laine commune. »

— « Précisément, » continua son père; « cela s'appelle *le grand rouet à filer*, ou rouet à manivelle. Or, il arriva qu'un pauvre tisserand nommé Hargrave, trouva le moyen de perfectionner cette méthode. Comme il ne fallait que peu de force, soit pour étendre le fil de coton, soit pour faire tourner le fuseau qui le tordait et le dévidait, il songea que si une femme avait eu vingt mains et dix fuseaux, et qu'elle eût pu les faire agir à la fois, dans la direction convenable, en étendant le fil de coton, elle aurait pu faire dix fois plus d'ouvrage dans le même espace de temps. »

— « Papa, » interrompit Lucie, « si la femme avait eu cent fuseaux, et autant de mains que Briarée, elle aurait pu encore filer cent fois autant ? »

— « Non, à moins qu'elle sût comment faire agir ses cent mains; les mains sans tête ne servent que fort peu. Mais sans aller chercher Briarée, que penses-tu qu'une tête put inventer pour suppléer à cette grande quantité de mains ? La difficulté d'Hargrave consistait à tenir plusieurs fils également tendus, séparés, égaux , et à pouvoir les tirer tous en même temps , pendant que les fuseaux les tordraient en tournant. Pour cela, il prit deux morceaux de bois , et , afin qu'on pût les serrer également l'un contre l'autre, il unit leurs bords. »

— « Comme les bords égaux et droits d'une règle parallèle, » dit Lucie.

— « Justement. Entre les deux morceaux de bois, il introduisit et tint serré les bouts des rubans de coton en laine qu'il voulait étendre , tordre et dévider ; les autres bouts de rubans étant, comme nous l'avons dit, attachés aux fuseaux, chacun avait le sien ; et, comme après que les fils avaient été tordus, le mouvement des fuseaux continuait toujours, il est clair que ce qui était fait, se roulait dessus. Supposons maintenant, que tous les fuseaux tournent ; si Hargrave, pendant ce temps, éloigne cette règle chargée des bouts des rouleaux de coton, tu vois que tous les rubans seront allongés et tordus, comme si chacun avait été filé à la main, et à part. »

— « Je vois, ou du moins j'entends, » répondit Lucie.

— « Cette manière de travailler nécessite encore quelques inventions secondaires, dont je ne vous parle pas, de peur de vous embarrasser l'esprit. »

— « Merci, papa ; mais comment cet homme a-t-il fait pour mettre les fuseaux en mouvement ? vous nous avez dit : « supposons qu'ils tournent, » mais vous ne nous avez pas dit comment. »

— « Il mit les fuseaux perpendiculairement, et en rang, à côté les uns des autres : je crois qu'il en essaya d'abord huit ; et il les fit marcher par le moyen du rouet à manivelle, ou *grand rouet*, comme on le nomme, dont sa femme se servait pour filer la laine. Quatre petites cordes partant de la circonférence de la roue, traversaient alternativement chacune deux fuseaux et les faisaient tourner rapidement : ainsi, tout agissait à la fois, quand la femme d'Hargrave tournait la manivelle, tandis que la règle qui retenait les bouts des rubans de coton en laine, dont l'autre extrémité était attachée aux fuseaux, s'éloignait et se rapprochait alternativement ; et, comme il s'y attendait, tous les fils furent tirés, tordus et dévidés en même temps. »

— « Qu'il dut être heureux, » s'écria Henri, « quand, pour la première fois, il vit marcher tout cela ! les huit fils tirés, et les fuseaux les tordant et les dévidant ! Oh ! que j'aurais voulu être à sa place, dans ce moment-là ! »

— « Et moi, à celle de sa femme !

comme elle doit avoir été contente, et ses enfans donc, s'ils ont vu cela ! Ainsi, il réussit parfaitement ? »

— « Pas si vîte, ma chère Lucie ; il réussit jusqu'à un certain point, mais pas du tout parfaitement. Sa première machine était très-grossière, et il eut beaucoup de peine à la rendre propre au travail. Quand il y fut parvenu, il augmenta le nombre de ses fuseaux de huit à dix, vingt, quatre-vingt, et il perfectionna cette machine au point qu'elle devint de suite d'un usage général. Il la nomma une *Jenny* ou *Jeannette*. »

— « Une Jenny ! que c'est drôle ! » s'écria Lucie, « apparemment que sa femme s'appelait Jenny. J'espère qu'il gagna beaucoup d'argent, pauvre homme, pour élever et soutenir sa famille. »

— « Je ne puis concevoir comment lui vint la première idée de cette invention, » dit Henri.

— « On prétend, mais je ne suis pas sûr que cela soit vrai, que la première idée en fut suggérée à Hargrave par le hasard. Plusieurs enfans étant un jour réunis dans sa maison, à l'heure du dîner, renversèrent, en jouant, le rouet de sa femme. Le fil resta dans la main de celle-ci, quoique le fuseau fût alors perpendiculaire, et la roue horizontale. Le pied du rouet empêchant la roue de toucher à terre, elle continua à tourner avec le mouvement qui lui avait été imprimé; et, par conséquent, le fuseau continua à tourner aussi. Hargrave le regardait avec attention, et on dit qu'il poussa une exclamation de joie, et qu'à plusieurs reprises il fit tourner la roue du rouet renversé sur le plancher, et resta long-temps immobile à la considérer; ceux qui étaient là croyant qu'il le faisait par oisiveté. »

— « Oui, mais il n'était pas oisif, » reprit Henri, « il était à l'ouvrage, in- ventant dans ce moment-là même. Mais comment le rouet renversé l'aida-t-il à trouver sa Jenny? »

— « Cette partie de l'histoire n'est pas parfaitement claire. On dit qu'Har- grave avait fait des tentatives pour filer avec deux fuseaux, en se servant du rouet à filer la laine, et essayant d'em- ployer la main gauche aussi bien que la droite pour tirer le fil; mais ces ten- tatives avaient toujours été infructueuses, à cause de la position horizontale des fuseaux. Quand le rouet tomba, il remar- qua qu'ils tournaient de même perpendi- culairement; sa difficulté fut levée, et il pensa à disposer ainsi ses fuseaux. »

— « En ce cas, » s'écria Lucie, « son

invention est due au hasard, à l'heureux accident qui renversa le rouet? Il y a beaucoup d'inventions faites ainsi par accident. »

— « Non, ma fille, jamais les inventions ne sont dues au hasard seulement. Inventer, c'est combiner, ou réunir des choses ensemble dans une intention quelconque. Cela demande de la pensée, et ne peut être produit par une chance; quoique le hasard puisse suggérer, et ait souvent fait naître la première idée d'une invention à un esprit observateur, ou à une ame préocupée des moyens d'accomplir quelque projet particulier, comme par exemple, il en arriva dans le cas d'Hargrave. Que de gens, avant lui, avaient vu tourner des rouets renversés, sans inventer une Jenny! Mais laisse-moi poursuivre, et vous dire les améliorations qui se sont introduites dans la manière de filer le coton. »

— « Comment donc! est-ce que la Jenny ne faisait pas tout ce qu'il fallait? »

— « Non, non, Lucie; ne sois pas si pressée, la perfection n'arrive pas si vîte. La Jenny ne faisait qu'une partie de ce dont on avait besoin. Le coton filé par cette machine était grossier, mou, et foible: on ne pouvait s'en servir que pour la trame, en tissant le coton; il ne conve-

nait point à la chaîne que l'on faisait avec
du fil de lin qui était, à la fois, fort et
doux. »

— « D'où venaient donc les défauts du
coton filé par la Jenny? »

— « De ce que les fibres du coton
n'étaient pas tirées doucement et parallèlement les unes aux autres pour être tordues.
En filant à la main, Lucie, tu te rappelles d'avoir vu la fileuse, non seulement tirer le fil, mais, le presser doucement entre son doigt et son pouce;
cela adoucit, unit les fibres du coton,
et les range parallèlement. C'est là ce qui
manquait à la Jenny. L'action de la main
lorsqu'elle tire le fil, était bien imitée par
la règle ou espèce de fermoir qui tenait
le coton ferme, et puis le retirait et remplissait le même but : mais il fallait suppléer au mouvement du doigt et du pouce
de la fileuse, de manière à produire le
même effet. »

— « Comment fit Hargrave pour y parvenir? » dit Henri.

— « Ce ne fut pas lui qui y parvint, »
répondit son père, « ce perfectionnement
est dû à une autre personne, M. Arkwright,
qui, comme Hargrave, était un ouvrier
pauvre et illettré, mais qui avait l'habitude d'observer, et qui était doué du pouvoir de l'invention. »

I.   10

— « Eh bien, comment Arkwright en vint-il là ? » reprit Henri avec vivacité.

— « En faisant presser le coton entre des cylindres ; » dit son père : « en le faisant passer successivement entre trois paires de cylindres placés près les uns des autres ; les cylindres supérieurs sont chargés de poids de différentes grosseurs, qui les forcent à peser sur ceux de dessous : le premier couple de cylindres entre lesquels le coton est pressé et passé, tourne lentement, le second plus vîte, le troisième beaucoup plus rapidement, et le mouvement de chacun est régulier. Maintenant, Henri, suppose que les deux derniers cylindres se meuvent huit fois aussi vîte que les premiers, alors huit fois plus de longueur de coton passera entre la dernière paire, qu'il n'en a passé entre la première, et par conséquent la même quantité sera tirée à huit fois plus de longueur, et huit fois plus de finesse. »

— « C'est très-ingénieux ; mais, je ne puis concevoir comment la pensée de faire passer le coton entre des cylindres, put venir à Arkwright. »

— « On dit, qu'il avait eu de fréquentes occasions de voir dans des forges, des barres de fer laminées, amincies, allongées, en les passant entre des cylindres ;

et ensuite il appliqua cette idée au tirage du coton. »

— « Je suis surpris qu'il y ait jamais pensé, » reprit Henri, « les fibres si fines du coton en laine sont si différentes des barres de fer ! »

— « Encore y a-t-il quelque ressemblance, » dit Lucie, « avec le mouvement de tirer le fil de plus mince en plus mince, de plus lisse en plus lisse. Tu vois, Henri, qu'il est quelquefois bon de faire attention aux ressemblances. »

— « Ce que j'ai dit, » continua leur père, « peut vous donner quelque idée de l'action des cylindres. Il faut aussi que vous sachiez que chacun des cylindres inférieurs est sillonné de petits creux, ou rainures, qui le rendent rude, de manière à empêcher le coton de glisser. Le cylindre supérieur est garni en cuir. Le passage des flocons de coton, roulant ainsi entre des cylindres de pesanteur et de vélocité différentes et progressives, avait le même effet sur le fil, que la pression du doigt et du pouce de la fileuse. Les fibres relâchées étaient adoucies, rapprochées, tenues parallèles les unes aux autres, et en même temps étirées de manière à produire un fil plus beau. »

— « Ainsi après tout, » dit Lucie, « Arkwright ne parvint avec tous ses efforts et tous ses cylindres, qu'à faire ce qu'une femme fait tout d'abord par le mouvement de son doigt et de son pouce. »

— « Oui, bien, » reprit Henri, « mais vois donc qu'un cylindre en fait beaucoup plus dans le même temps ; peut-être qu'en un jour il fait plus d'ouvrage qu'une femme en filant toute sa vie. Qu'il était difficile, qu'il était ingénieux d'imiter ainsi par des machines le mouvement du doigt et du pouce ! et c'est-là la grande invention de M. Arkwright ? »

— « Oui, » répondit son père.

— « Mais que sont devenues les Jennis ? est-ce qu'on les a mises de côté lorsqu'Arkwright fit ces perfectionnemens, et construisit ces métiers ? »

— « Les Jennis sont, je crois bien, un peu abandonnées, à cause des défauts que je viens de vous citer ; mais cependant, le coton qu'elles filent est meilleur pour quelques usages, et c'est pourquoi on s'en sert encore. »

— « Depuis le temps d'Arkwright n'y a-t-il eu aucune grande amélioration, mon père ? » demanda Henri.

— « Non, il n'y a eu aucun changement dans le *principe* de sa manière de filer, mais beaucoup dans la simplicité de ses moyens dont le mécanisme a été très-perfectionné. L'usage de la vapeur au lieu

d'eau, et de la roue mue par le balancier au
lieu de roues tournées par une chute d'eau
pour donner le mouvement à ces machines,
est dans plusieurs endroits d'une grande
importance. Je ne vous parlerai que d'un
des perfectionnemens variés introduits dans
les détails du mécanisme, par exemple de
celui qu'inventa un M. Samuël Crompton. »

— « C'est très-bien, » dit Henri; » je
suis bien content que papa se rappelle
toujours les noms des inventeurs, et qu'il
nous les dise. »

— « M. Crompton observa, et réunit
beaucoup de ce qui était essentiellement
utile dans la Jenny d'Hargrave, et dans
les cylindres ou *doubles métiers* d'Arkwright, et il fit une troisième machine qui
combinait une grande partie des avantages des deux auxquelles elle était em-
pruntée, et que l'on préfère pour la filature du très-beau coton ; mais qui est
inférieure quand on l'emploie pour le
coton grossier. Cette machine est appelée
la Mule-Jenny. »

— « Je voudrais bien voir la Mule, »
dit Henri.

— « Tu ne peux pas voir et apprendre
tout à la fois. »

— « J'entends les ouvriers qui revien-
nent de dîner, » s'écria Lucie.

— « Nous allons donc voir les métiers d'Arkwright à l'ouvrage. »

Le guide qui arrivait dans ce moment entendant les derniers mots qu'Henri venait de prononcer et le nom d'Arkwright, commença à parler de l'immense fortune que *Sir* Richard avait faite par ses inventions et ses perfectionnemens.

« *Sir* Richard ! » interrompit Henri, « comment donc est-il devenu *Sir* Richard ? »

— « Parce que le roi lui a conféré l'honneur de la chevalerie * , » répondit l'ouvrier ; et il continua à faire l'énumération des belles maisons et des grands biens que Sir Richard et ses descendans avaient acquis.

« Avez-vous jamais entendu parler, monsieur, » dit-il, « du présent de jour de naissance que le fils de Sir Richard fit à ses six enfans ? Chacun d'eux trouva sur sa table , le matin de son jour de naissance . une somme de vingt mille livres sterling » (environ quatre cent quatre-vingt mille francs de notre monnaie).

— « Vingt mille livres sterling ! » dit

---

* *Sir*, placé devant un nom, est en Angleterre un titre que les chevaliers et les baronnets ont seuls le droit de prendre.

Lucie ; « six fois vingt, cela fait cent
vingt mille livres! quelle somme énorme! »

— « Et toute due au génie d'un
homme, » reprit Henri.

— « Et à l'industrie et à la persévérance, » ajouta son père. « Arkwright eut
de grandes difficultés à vaincre, non seulement pour perfectionner ses inventions,
mais pour les réduire en pratique, et
pour établir ses droits comme inventeur. »

Pendant ce temps, les ouvriers, hommes, femmes, enfans, affluaient dans la
salle ; en une minute la machine fut remise en mouvement, et tout fut de nouveau en activité. Lucie et Henri avaient
alors quelque idée de ce que l'on faisait.
Ils connaissaient l'usage des fuseaux et
des cylindres : sans s'embarrasser des petits détails des mécaniques, ils comprirent
parfaitement chaque procédé auquel
le coton en laine était soumis, depuis le
moment où on l'ôtait de la cosse, jusqu'à
celui où il était manufacturé en coton
filé, le plus beau et le plus fin possible.

Comme ils sortaient d'une des chambres, le guide leur montra un monceau
d'écheveaux de coton, qu'il leur dit avoir
été filés par la *mule*, d'une seule livre de
beau coton en laine.

« Il y a là trois cent cinquante écheveaux ; chaque écheveau mesure huit
cent quarante aunes, et si tout était tendu, cela ferait un seul fil de cent soixante-
sept milles de long. »

— « Cent soixante-sept milles ! » répéta Lucie ; » que diraient à cela tes araignées, Henri ? »

— « Ou tes vers à soie, Lucie ? Je
pense que tes bons, actifs, soigneux, la-
borieux vers à soie n'ont jamais filé une
soie de plus de six milles de long. »

— « Non, » dit Lucie, « il faut convenir que les hommes et les femmes l'em-
portent sur toutes les araignées et vers à
soie du monde. »

Son père lui fit observer que le véritable objet de comparaison entre des fi-
leurs rivaux était, non pas dans la longueur du fil, mais dans sa finesse. « Et je
présume, » dit-il, « que la soie du ver,
ou le fil de l'araignée, sont aussi fins qu'un
des brins de coton en laine ; et le plus fin
coton manufacturé est toujours composé
de plusieurs brins. »

Ainsi, nonobstant la joie de Lucie de
la supériorité des femmes et des hommes
en fait de fil sur les araignées et les vers
à soie, Henri fut forcé de prononcer en
faveur des animaux.

« Mais leur supériorité est due seu-

lement à leur instinct, et la nôtre à l'a-
dresse et à la raison, comme tu sais;
Henri, » reprit Lucie. « Ce n'est pas grand
mérite à eux que d'avoir en eux-mêmes
des matériaux tout préparés et bien meilleurs que les nôtres. »

Ici le débat sur les vers à soie et les
araignées fut interrompu par l'entrée du
principal propriétaire de la manufacture,
et la conversation tourna sur la vente prodigieuse des marchandises de coton et des
mousselines, dans différentes parties du
monde, et spécialement en Angleterre.

« Vous savez, madame, » dit ce
monsieur, en se tournant vers la mère de
Lucie, « que les mousselines furent d'a-
bord toutes fabriquées dans l'Inde, qu'il
n'y a que trente à quarante ans que l'on
commença à essayer de les faire en Angleterre; et que ce n'est que depuis peu
d'années qu'elles sont arrivées à leur perfection actuelle. »

La mère de Lucie le savait; elle se
rappelait même qu'étant enfant, elle
avait vu quelques-unes des premières
mousselines faites en Angleterre; elles
étaient grossières et rudes, d'un vilain
aspect et d'un usage désagréable. Personne n'aurait pensé alors que jamais la
mousseline anglaise pût égaler celle des
Indes. Mais maintenant il était difficile

pour l'œil le plus exercé, de découvrir
des différences dans l'aspect ou dans la durée, et elles étaient aussi bonnes, sinon
meilleures.

Le père de Henri se tourna vers lui, et
lui dit à demi-voix : « si tu me le rappelles, je té conterai une autre fois par
quelle invention ingénieuse et hardie, on
vint à bout de faire disparaître, plus
tard, cette rudesse que ta mère reproche
aux premières mousselines anglaises. »

Le propriétaire de la manufacture continuait de causer, et quand Henri put
de nouveau entendre sa voix il parlait de
l'immense quantité, et de la valeur des
mousselines fabriquées, tant en Écosse
qu'en Angleterre.

« Nous devons tout cela, » dit-il,
« à l'usage que nous avons fait, dans ce
pays, d'ingénieuses machines, au lieu
d'employer sans cesse la main des hommes,
comme dans l'Inde. Peut-être ne connais-
séz-vous pas, monsieur, » ajouta-t-il, en s'a-
dressant au père de Henri, « touté l'importance des manufactures de coton. Ces
métiers gagnent à l'Angleterre vingt-
quatre mille francs à chaque heure de
travail; ils filent par heure mille livres
pesant de coton en laine, et la longueur
du fil qui se fait en trois minutes, ferait
plus qu'entourer la terre entière. ».

Comme il disait cela, ils traversaient une chambre où Lucie vit une machine pour dévider les jolies petites pelottes de coton qu'on vend dans les boutiques : elle eût bien voulu rester à la regarder travailler.

« Oh, papa ! ne puis-je pas voir cela ? »

— « Non, mon enfant, tu en as vu et entendu tout-à-fait assez ; si tu en voyais davantage, tu oublierais ce qui est, j'espère, maintenant, fort clair dans ta tête. Allons-nous-en. »

~~~~~~

CHAPITRE XII.

Le Gaz ; le rêve de Henri.

———

Le soir , Lucie avoua qu'elle était fatiguée et qu'elle désirait se reposer et rester avec sa mère, qui ne voulait pas sortir de nouveau. Mais Henri se vantant d'être aussi dispos que jamais, fut tout orgueilleux d'obtenir la permission d'accompagner son père qui allait se promener. Après avoir traversé plusieurs rues, ils arrivèrent à une promenade publique, large, ombragée d'arbres, et située sur une terrasse élevée d'où l'on découvrait toute la ville éclairée par la lumière rougeâtre du soleil couchant, qui illuminait richement plusieurs fenêtres, et surtout celles d'une vieille église gothique. Henri regretta à plusieurs reprises que Lucie ne fût pas venue avec eux. Comme ils reprenaient le chemin de l'auberge, il demanda à son père s'ils partiraient de bonne heure le lendemain matin, ou s'ils resteraient un autre jour ; son père, qui pensait peut-être à autre chose, lui répondit d'un air distrait : « je ne sais pas, mon cher ; cela dépendra des circonstances. »

Henri, tout en cheminant, considérait en lui-même, « comment cela devait dépendre des circonstances, » lorsqu'en tournant le coin d'une rue, le cours de ses pensées fut interrompu, et ses yeux furent tout-à-coup frappés du vif éclat des lumières.

C'était l'éclairage du gaz. L'admiration de Henri ne s'exhala que lorsqu'ils eurent parcouru la rue entière, et en arrivant dans une autre encore plus brillante, il s'écria... « C'est presque aussi clair que le jour ! Papa, quelle sorte de lumières est-ce donc, et de quoi sont-elles faites? »

Son père lui dit qu'on les appelait lumières du gaz, et qu'elles étaient produites par le gaz extrait du charbon.

« En quoi la flamme du gaz diffère-t-elle de celle de la chandelle ou du feu? » demanda Henri.

Alors son père lui apprit que *toute* flamme est du gaz allumé. « Dans un feu ordinaire, dans une chandelle ou dans une lampe, ce que tu vois, et ce que tu appelles flamme, est du gaz, qui, une fois allumé, continue de flamber à l'air. »

Henri s'informa comment l'on tirait le
gaz du charbon.

« En le chauffant fortement dans des
machines de fer, appelées *retortes*. Ces
machines n'ont qu'une ouverture par laquelle le gaz s'échappe, et va dans le réservoir où il est conservé. »

Henri voulut ensuite savoir comment
le gaz passait du réservoir dans de petits
conduits, de manière à éclairer toutes
les maisons de la rue, où il le voyait briller
enflammé au travers des fenêtres.

« Suppose qu'une timballe soit renversée dans un bassin d'eau, » lui dit son
père; « tu sais que l'air qui est dans l'intérieur de la timballe l'empêchera de
s'enfoncer dans l'eau. »

— « Certainement. »

— « Mais tu peux mettre un poids sur
la timballe, jusqu'à ce que tu comprimes
l'air dans l'intérieur; alors l'eau s'élèvera
pour remplir la place qu'abandonnera
l'air comprimé. Qu'arrivera-t-il ensuite,
Henri? »

— « Je pense, mon père, qu'il n'arrivera
rien, si ce n'est que l'eau du bassin continuera de comprimer l'air jusqu'à ce
qu'elle l'ait réduit à ne tenir que le moins
de place possible. »

— « C'est très-juste; l'air se trouvera

refoulé par la force de l'eau dans le plus
petit espace possible. Mais quand l'air
est comprimé, son élasticité s'accroît
continuellement, jusqu'à ce que, non seulement, il résiste à la pression de l'eau,
mais chasse même l'eau de la timballe
et l'élève dans le bassin environnant.
Maintenant, supposons que le bout d'un
petit tuyau fût introduit sous l'ouverture
de la timballe, qu'en résulterait-il ? »

— « L'air comprimé serait bien sûrement forcé d'entrer dans le tuyau, » dit
Henri.

— « Et si le tuyau était ouvert à l'autre
bout ? »

— « L'air sortirait par ce bout-là, »
répondit Henri.

— « Qu'arriverait-il alors à la timballe ? »

— « Elle continuerait à descendre jusqu'à ce que tout l'air fût parti à travers
le tuyau. »

— « Justement. A présent, au lieu
d'air commun, suppose que ta timballe
soit remplie de gaz, les effets seront exactement les mêmes. Cette espèce de cuve
renversée se nomme un *gazomètre* ; et
c'est de cette manière qu'on force le gaz
à passer du réservoir à travers les canaux
qui le distribuent. »

— « J'entends, mon papa, et j'espère

qu'un jour, ou l'autre, vous montrerez
cette expérience à Lucie. Cela se peut
faire aisément avec un verre et une cuvette. »

— « Tu peux la lui montrer toi-
même, » dit son père.

— « Le gaz s'allume-t-il tout seul, dès
qu'il vient à l'air ? »

— « Non, il faut qu'on lui présente
une chandelle allumée, ou toute autre
flamme ; alors il brûle, comme tu le vois,
au grand air. »

— « Mais quand il pleut, ou que le
vent souffle fort, » reprit Henri, « que deviennent ces lumières ? Voyez, papa, celles-ci qui éblouissent au travers des
grilles de cette boutique de boucher, et
celles qui sont en dehors de ce café ; il n'y
a point de verre autour. Ne seraient-elles
pas éteintes ? »

— « Non pas par une petite pluie, ou
par un vent léger. Un des grands avantages de la lumière du gaz, c'est qu'elle
résiste plus que les autres. Le vent ou la
pluie ne l'éteignent même pas facilement. »

Plus Henri entendait vanter les avantages du gaz, plus il admirait sa belle
clarté, et la commodité qu'il y avait à
s'en servir, et plus il s'étonnait que l'on
n'eût pas pensé plus tôt à l'employer. Il

demanda si l'existence de ce gaz n'avait
été découverte que dernièrement.

Son père lui dit que l'on savait depuis
long-temps que ce que nous voyons dans
la flamme du feu et de la chandelle,
était du gaz; mais, que ce n'était que
depuis peu que l'on avait pensé à le
réunir en masse, et à l'utiliser pour
l'usage ordinaire, comme il le voyait
maintenant.

« Je pourrai quelque jour, Henri, te
raconter à ce sujet deux anecdotes curieuses que j'ai apprises d'un ami. »

— « Vraiment, papa? Alors je vous
en prie soyez assez bon pour me les conter
de suite. »

— « A la bonne heure, si tu veux faire
attention où tu vas, et ne pas te mettre
dans le ruisseau.

« Il y a environ quarante ans, qu'un
certain lord Dundonald obtint un brevet
pour faire, avec du charbon, ce que l'on appelle du *Coke*. Le coke est du charbon
à demi-brûlé, tel que tu en as vu employé dans les forges : pour l'obtenir,
il brûlait à demi le charbon, et par ce procédé le goudron et le gaz qui s'y trou-
vaient, en était séparés. Le coke étant
le seul objet qu'il eût en vue, le gaz
était conduit sous l'eau pendant plusieurs
centaines de pieds dans de larges tuyaux,

afin de condenser le goudron, et le gaz s'échappait ensuite par une haute cheminée. Mon ami ne sait pas comment il arriva qu'un jour ce gaz prit feu, mais une fois allumé il continua de brûler, et sa flamme illuminait le pays à vingt milles à la ronde. »

— « Que j'aurais voulu voir cela, » dit Henri, « comme cette flamme devait être grande et belle! mais quand tout le monde s'aperçut de cette illumination, je ne conçois pas que personne n'ait pensé de suite à faire usage du gaz, et à l'obtenir de la même manière pour les lampes. »

— « C'est d'autant plus surprenant, » reprit son père, « que c'était au fait un appareil de gaz tel que celui dont on se sert aujourd'hui, seulement on le laissait s'échapper et se perdre. »

— « Papa, et l'autre anecdote? » demanda Henri.

— « Long-temps avant ce lord Dundonald, il y avait un chimiste, dont je ne me rappelle pas le nom, qui tirait le gaz du charbon, et en faisait provision dans des vessies; il amusait souvent ses amis en faisant un trou dans la vessie, et y présentant une lumière. C'était du gaz *portatif* tel que nous commençons à l'employer, (3) mais dans un cas différent. »

— « Eh bien, cela est encore plus

extraordinaire, parce que ce gaz dans les vessies était juste dans la forme convenable pour le transporter. Qu'il est donc singulier que ni le chimiste, ni aucun des amis qui voyaient ces expériences, n'aient eu l'idée d'en tirer parti pour les lampes. J'aurais bien voulu être là quand il montrait la vessie, quand il la piquait, et quand il allumait le gaz! tout enfant que je suis, papa, j'y aurais pensé ; ne le croyez-vous pas ? »

— « Peut-être bien, Henri ; mais combien peu d'hommes, sans parler des enfans, observent ce qu'ils voient un jour, ou même tous les jours de leur vie, et pensent à l'usage que l'on en peut faire. »

— « Mais une chose si frappante ! » dit Henri, « d'un usage si évident, qui semble si facile et si naturelle à présent qu'elle est faite ! »

— « Oui vraiment, Henri, la chose était devant leurs yeux, mais inutile, parce qu'ils ne songeaient point à s'en servir. »

— « Et pendant quarante ans et plus » ajouta Henri.

Après un long silence durant lequel Henri fit nombre de faux pas, il s'écria :

« Papa, je pensais... »

— « Non pas à ce que tu faisais toujours, » dit son père, « tu as failli tomber vingt fois. »

— « Je pensais, papa, qu'il y a beaucoup de petites choses qu'on n'a pas encore observées, et qui pourraient conduire à de grandes découvertes, si l'on pensait à les mettre en usage. »

— « Sans doute, ton observation est très-juste. »

— « Et, papa, croyez-vous que si j'essayais d'observer et de réfléchir au genre d'utilité qu'on peut tirer de chaque chose, je ne parviendrais pas à découvrir ou à inventer aussi quelque chose de nouveau? »

Là, Henri fut interrompu en se frappant contre un bâton qu'il n'avait pas vu, et avec lequel un homme qui venait devant eux sondait son chemin.

« Je voudrais bien que cet homme n'avançât pas ainsi son bâton, » reprit Henri, « il m'a presque jeté par terre. »

L'homme demanda pardon ; il dit qu'il était aveugle et forcé d'avoir recours à sa canne, pour se conduire. Henri alors s'excusa aussi de s'être jeté dessus, et, lui prenant la main, il le guida doucement jusqu'à la rue voisine; là, le vieillard lui souhaita le bonsoir, en disant :

« Puissiez-vous n'être jamais aveugle comme moi, et quand vous serez vieux, trouver le même secours que vous m'avez donné. »

Aussitôt que l'aveugle les eut laissés, Henri chercha à se rappeler ce qu'il était en train de dire quand il l'avait rencontré, et il aurait bien voulu reprendre la conversation ; mais son père l'avertit qu'il ne pouvait pas causer davantage et qu'il fallait marcher vite, parce qu'il était tard. Henri se mit donc à presser le pas de son mieux. Son père jugeait bien qu'il devait être fatigué, et il l'était en effet, mais il ne voulait pas se plaindre.

Il était tard quand ils atteignirent l'auberge. Le thé attendait depuis quelque temps, et Lucie, après avoir lutté contre le sommeil, avait fini par lui céder ; la tête appuyée sur ses bras croisés sur la table, elle était si complètement endormie, qu'à peine put-elle s'éveiller assez pour demander à Henri s'il avait fait une bonne promenade. Les yeux à demi fermés elle avala sa tasse de thé, et obéissant machinalement au signal de la femme de chambre qui venait la chercher, le bougeoir à la main, elle se retira pour jouir du repos dont elle avait besoin.

Henri désirait rester pour entendre une conversation entre son père et le postillon : il espérait en apprendre ce qu'ils feraient le lendemain matin, et y trouver

l'explication de cette réponse douteuse :
« cela dépendra des circonstances. » Mais
avant qu'il eût pu recueillir le moindre
renseignement, il s'endormit, couché en
travers de la grande malle sans que personne prît garde à lui, jusqu'à ce que le
garçon d'auberge, bronchant contre ses
jambes, laissa tomber une cuillère sur sa
tête. Henri se leva en tressaillant. Il avait
rêvé, dit-il, qu'il était frappé par le
balancier d'une machine à vapeur. Sa
mère l'exhorta à aller rêver dans son lit.
Elle prit une chandelle pour l'éclairer;
mais lui, se retournant, resta à regarder
le postillon, tout étonné qu'il fût encore là.

— « Maman ! quel énorme temps cet
homme est-il donc resté à parler à papa? »

— « Pas plus de cinq minutes, mon
cher, » répondit sa mère.

— « Cinq minutes seulement! » s'écria
Henri. « Pendant ce temps, j'ai fait tout
le chemin d'ici en Allemagne, et je suis
revenu. J'ai été dans un palais magnifi-
quement éclairé par du gaz flamboyant
d'une belle couleur de safran. J'ai demandé à qui était la maison? « Ne le
savez-vous pas! m'a répondu un homme,
c'est celle de votre ami le grand Otto de
Guericke. » Je n'ai pas été du tout surpris
qu'il fût encor vivant: j'ai seulement dit
que je voulais aller le voir. Mais l'inté-

INDUSTRIELS. 239

rieur du palais était comme une filature
de ·coton, et il y avait une· grande machine à vapeur allant grand train et tra-
vaillant de toutes ses forces. Je passais à
travers de tous les ouvriers, hommes,
femmes, enfans, demandant Otto de
Guericke, jusqu'à ce qu'enfin un guide
me dit qu'il allait me conduire au laboratoire d'Otto; qu'il y était *toujours* ;
que je le trouverais en robe de chambre de soie, faisant de belles expériences; et le même homme ajouta que le
laboratoire était tout au haut de la
maison, et il me demanda si je pourrais
le suivre et monter à de grandes échelles.
« Oh oui, » lui dis-je, « partout où il vous
plaira. » Je grimpai donc après lui, et si
mon pied avait glissé, je serais tombé
tout en bas, en bas, je ne sais où. Mais
j'arrivai enfin au sommet, presque sur le
toit ; une porte s'ouvrit, et j'entendis le
frottement de la robe de chambre de soie
d'Otto de Guericke. J'allais entrer, quand
cette maudite cuillère, que j'ai prise pour
le balancier de la machine à vapeur, est
tombée sur ma tête. Oh, maman, je voudrais bien que cela ne fût pas arrivé !
c'est si contrariant d'être réveillé, tout
juste lorsque j'allais voir Otto de Guericke. (4) Au moins si je pouvais me ren-
dormir et rêver encore la même chose ! »

— « Tu feras mieux d'aller te coucher, mon enfant. Va, » dit sa mère, en lui montrant le chemin de sa chambre, et elle lui mit dans les mains son bonnet de nuit que Lucie, quoiqu'elle fût accablée de sommeil, avait songé à préparer pour lui.

Henri dormit neuf heures sans interruption, mais il ne vit plus ni Otto de Guericke, ni sa maison illuminée de gaz. Il était encore profondément assoupi quand sa mère l'appela. Pendant le déjeûner, il fut question des bruits divers qui s'étaient fait entendre toute la nuit, dans l'auberge, et qui n'avaient pas laissé à ses parens un moment de repos. Sa mère dit que toutes les demi-heures, une diligence arrivait ou partait; qu'elle avait entendu crier, sonner ; que l'hôtesse, les filles et les garçons d'auberge couraient continuellement çà et là dans les corridors, et que les gens demandaient à tout moment leurs malles, leurs portemanteaux, leurs paquets, et la carte. Le père de Henri dit à son tour, que la cloison qui séparait sa chambre de la pièce voisine, était si mince, qu'il entendait tout ce qui s'y faisait, et qu'il semblait que l'homme qui y logeait n'avait fait autre chose, toute la nuit, que d'ôter ses bottes, de les jeter par la chambre, et de lancer après des jambes de bois.

A ce récit, Henri et Lucie se regardaient avec étonnement; ils avaient si bien dormi, que tout ce tapage ne les avait pas troublés un seul instant.

Pendant le déjeûner, Henri dit à Lucie que leur séjour dans la ville, ou la continuation de leur voyage ce même jour, « dépendoit des circonstances. » Lucie lui fit observer qu'elle n'en était pas plus instruite pour cela, puisqu'elle ne savait pas de quelles circonstances il voulait parler. Leur mère leur apprit alors que cela dépendait d'une lettre qu'attendait leur père, et qui devait lui annoncer si son ami retournerait ou non, chez lui, ce jour-là même. La seule raison de Henri pour désirer de rester c'était l'envie qu'il avait de montrer à Lucie la jolie promenade où il avait été la veille, mais il pleuvait; la lettre arriva, et il fut enchanté de ne pas passer cette journée à l'auberge où il n'avait plus rien à faire.

~~~~~~

CHAPITRE XIII.

Henri mesure une Montagne ; Visite à la Grotte ; la Table d'Hôte ; récit d'un Naufrage.

——————

« Que verrons-nous à présent? » dit Lucie, en montant en voiture. « J'aime bien à aller voir toujours quelque chose de nouveau. Si tu avais à choisir, Henri, qu'aimerais-tu mieux voir d'abord ? »

— « Une montagne, » répliqua Henri, fidèle à son ancien souhait de mesurer une montagne avec son baromètre portatif. Tant qu'il avait été préoccupé de la fila- ture, de la vapeur et du gaz, ce désir semblait s'être assoupi; maintenant il se réveillait avec une nouvelle vivacité. A mesure qu'ils avançaient, il épiait chaque hauteur qui se dessinait à l'horizon. Mais il gardait un silence prudent sur ce sujet, et même lorsque Lucie s'écria : « Voilà une montagne qui t'arrive ! Henri , » il répondit posément :

— « Je la vois bien , ma chère, mais

elle n'est pas encore assez près ; je parlerai quand il en sera temps. »

Enfin lorsqu'ils arrivèrent dans le Derbyshire, et dans la partie montagneuse de ce comté, Henri parla, car il jugea que le moment était venu.

« Papa, il y a ici tout plein de montagnes! Seriez-vous si bon que de faire arrêter la voiture, et de me laisser descendre pour que j'aille mesurer celle qui est la plus près de nous? Je ne vous retiendrai pas plus de vingt minutes. Maman, auriez-vous la bonté de m'attendre? En dix minutes j'aurai couru tout en haut, en dix minutes, je serai de retour! Le puis-je, papa? »

— « Non, mon fils, nous ne pouvons pas nous arrêter pour toi, maintenant. Cela nous retiendrait beaucoup plus long-temps que tu te l'imagines. Ton œil te trompe sur des distances et des hauteurs qu'il n'est pas accoutumé à juger. »

— « Je te dirai pour te consoler, Henri, » reprit sa mère, « que nous allons à Matlock, où tu te trouveras entouré de belles montagnes, sur lesquelles tu pourras à loisir exercer ton savoir en calcul, et faire l'essai de ton baromètre, car nous devons y passer deux ou trois jours. »

— « Quel bonheur! » pensa Henri.

« Je vous remercie, maman, » dit-il.

Ils entrèrent bientôt dans une vallée étroite, mais belle. Un ruisseau courait au travers, et des montagnes la bornaient de chaque côté. Leurs flancs, jusqu'à une grande hauteur, étaient couverts d'arbres du plus tendre feuillage. Ces ombrages d'un vert varié prenaient çà et là les teintes brunes et jaunâtres de l'automne. Au-dessus, loin au-dessus des jeunes plantations feuillées, plus haut que les broussailles qui les surmontaient, s'élevaient des rochers nus et blanchâtres. Quelquefois ils s'étendaient en masses perpendiculaires et unies; quelquefois ils montraient leurs sommets brisés et hérissés de pointes aiguës : d'énormes fragmens s'en étaient jadis détachés ; ils avaient roulé dans le courant au-dessous. La rivière coulait tranquille et calme, jusqu'à ce qu'elle rencontrât ces obstacles : alors elle écumait, poussait ses flots blanchis contre les rochers immobiles. Forcées de se séparer, les ondes tourbillonnaient autour, en différentes rigoles, puis se rejoignant enfin, les eaux reprenaient leur pente, et glissaient doucement, étincelant aux rayons du soleil. La route qui bordait cette petite rivière, les conduisit au village isolé et charmant de Matlock.

Le matin qui suivit leur arrivée, ils sortirent pour aller à la promenade. A une petite distance de l'hôtel où ils logeaient, il y avait une allée qui montait à Masson-hill. C'était un sentier coupé en zigzag, à travers un bois de sapins, et qui menait au sommet d'une colline appelée le Mont-Abraham.

Ils avaient parcouru une bonne partie de ce sentier, et Henri brûlait d'atteindre le haut, lorsque sa mère déclara qu'elle ne se sentait pas en état d'aller plus loin. Il fut donc décidé qu'elle, Lucie et son père se borneraient à voir une grotte située dans le voisinage; mais ce dernier dit à Henri qu'il pouvait, s'il le désirait, monter tout seul, prendre les hauteurs sur son baromètre, et comparer le résultat de son calcul avec l'élévation communément attribuée à cette montagne, qui était d'environ 750 pieds.

A la grande surprise de Lucie, Henri prit un air d'hésitation, et demeura immobile, son baromètre en main, au lieu de courir avec la joie et la vivacité auxquelles elle s'était attendue.

« Qu'y a-t-il donc? Aimes-tu mieux venir à la grotte avec nous? » lui dit-elle.

— « Non, ce n'est pas cela. »

— « Quoi donc? voudrais-tu que j'aille

avec toi? Je ne demanderais pas mieux, mais tu sais bien que maman dit que je ne peux pas courir partout avec toi ici, comme à la maison : il faut que je reste près d'elle. Vraiment tu as l'air d'avoir peur d'aller tout seul, » ajouta Lucie en riant.

— « Peur ! ma chère, je n'ai pas la moindre peur d'aller seul quelque part que ce soit au monde, » reprit Henri avec orgueil. « Je ne vais rien faire qui soit mal; de quoi donc aurais-je peur? »

— « Je n'en sais rien, et c'est précisément pour cela que je te le demande. Je suis sûre qu'il y a là-dedans quelque chose que tu n'aimes pas. Autrement, tu serais déjà parti. »

— « Il y a quelque chose que je n'aime pas, » répondit Henri, « j'en conviens; ça m'ennuie de rencontrer ces gens qui sont devant nous à se promener. »

— « Quel mal te feront-ils, Henri? » demanda son père.

— « Aucun, papa; seulement, je ne me soucie pas de rencontrer des étrangers. »

— « Mais puisque, comme tu le disais toi-même tout-à-l'heure, tu ne vas rien faire de mal, tu ne dois pas avoir honte, je ne veux pas dire avoir peur, de les rencontrer, » reprit la mère de Henri.

— « C'est très-vrai, maman, je sais que

c'est fort bête. Hé bien, je veux prendre le dessus; j'irai tout seul, » ajouta-t-il résolument.

— « Va, et bonne chance, » lui dit son père. « Je puis t'assurer que ces personnes-là ne penseront pas à toi, à moins que tu ne fasses quelque chose pour attirer leur attention. »

Henri marcha aussi vîte qu'il put, il ne s'arrêta que lorsqu'il eut atteint le Mont-Abraham. Alors il examina son baromètre, et prit note de la hauteur où se trouvait le mercure, à la fois dans le baromètre et dans le thermomètre. Puis il descendit la montagne, et aussitôt qu'il fut arrivé au bas, il regarda de nouveau le mercure dans les deux tuyaux de verre, et nota encore soigneusement sa hauteur. Trouvant un petit réduit écarté, hors du sentier public, il s'y établit pour travailler à ses calculs, résolu de ne pas bouger, qu'il ne les eût achevés. Une table des degrés auxquels monte le mercure à différentes élévations, calculée sur l'atmosphère au point de glace, était gravée en côté de son baromètre. Indépendamment de cela, il avait eu soin d'apporter avec lui un certain petit livre* contenant une mé-

---

* « Méthode expéditive pour déterminer les hauteurs avec

thode expéditive de calculer les hauteurs.

C'était faute de cet ouvrage , que dans sa première tentative, il n'avait pu réussir à mesurer l'église. Cette fois comprenant les instructions données dans le fidèle petit compagnon de son cher baromètre portatif, et s'y conformant avec exactitude, il parvint à rendre ses calculs assez précis pour satisfaire sa conscience. Il amena son résultat à deux pieds de la hauteur que son père lui avait dit avoir été établie par des mesures antérieures.

Il alla ensuite voir la grotte.

C'était une grande , profonde et noire caverne, à l'extrémité de laquelle il aperçut de là lumière ; en avançant, il vit de loin des formes humaines , mais qui ressemblaient à des ombres, à cause du brouillard et de la distance ; c'étaient les guides : et il entendit la voix de Lucie, puis celle de son père et de sa mère , et bientôt il distingua leurs figures. Ils regardaient la voûte vivement éclairée par la lueur des torches que les guides tenaient. De cette voûte qui paraissait toute revêtue de terre

le nouveau baromètre portatif, suivie d'une description de cet instrument par Sir Henri Englefield, Baronnet : petit traité qui se vend, ou doit se vendre avec chaque baromètre portatif.

jaune, pendait une multitude de pointes ou chandelles de glace, mais de la même couleur que la terre, et d'un énorme volume.

« Mon cher Henri, es-tu là? » cria Lucie, « oh, que je suis contente que tu sois venu! J'avais peur que tu n'arrivasses pas à temps pour voir cela. N'est-ce pas bien beau! Sais-tu ce que c'est? Ce sont des stalactites. »

— « Comment sont-elles venues là? En quoi sont-elles? Tu me dis que ce sont des *stalactites,* mais cela ne m'en apprend rien que le nom. »

— « C'est déjà une bonne chose à savoir, » répondit Lucie, « car, avec le nom, on peut faire des questions à tout le monde, et les gens sauront de quoi vous leur parlez. » Elle lui répéta tout ce qu'elle venait de recueillir de la conversation de son père et des guides; lui expliquant que ces stalactites étaient formées par l'eau qui filtrait au travers des voûtes de la caverne, et qui déposait, à mesure qu'elle coulait goutte à goutte, de la terre calcaire qu'elle avait dissoute dans son passage le long des rochers et à travers le sol. Ces rochers, à ce qu'elle croyait, étaient de pierre calcaire, ou pierre à chaux. Elle avait aussi entendu dire à un des guides, que l'on avait trouvé dans le pays des stalactites aussi dures que des pierres, et de plusieurs couleurs, et qu'on les avait polies pour en faire des colliers et divers ornemens. Les guides avaient brisé le long des côtés de la caverne quelques stalactites dont ils avaient donné des morceaux à Lucie ; les uns, nouvellement formés, étaient mous, et se réduisaient aisément en poudre quand on les pressait entre les doigts ; d'autres, un peu plus fermes, étaient plus secs, et cassaient, plutôt qu'ils ne se pulvérisaient ; d'autres enfin, étaient aussi durs, comme Henri le remarqua, que les pétrifications qu'il avait vues dans la collection de son oncle. Son père lui apprit que cela venait de ce que ces pétrifications avaient été formées de la même manière, et les guides promirent de lui en montrer une quantité, ainsi que des cristaux, et de beaux spaths * de différentes couleurs, pour lesquels le Derbyshire est fameux.

Tandis que tout ceci se disait, madame Wilson, mère de Lucie, qui ne se souciait pas de rester plus long-temps dans cette caverne humide, tirant tour-à-tour sa fille

---

* Substance mêlée, composéé en partie de cristal, en partie de terre, de minéraux, de matières terreuses ou métalliques. On la nomme aussi en français *spar*, et marcassite.

par la main, poussant doucement Henri par l'épaule, les avait amenés vers l'entrée ou la sortie de la grotte. Ce fut une jouissance pour eux que de retrouver la lumière du jour, de sentir la douce chaleur du grand air, et de marcher sur un terrain sec.

En retournant à l'hôtel, ils furent entourés de petits garçons et de petites filles portant des corbeilles remplies de cristaux, de spaths, et de pétrifications. Dans un des paniers Lucie vit une perruque pétrifiée. Les guides lui dirent que le peuple de Matlock s'amusait à mettre des perruques et différentes autres choses dans les sources calcaires pour les voir changées en pierres. Et en effet elles ne conservaient nulle apparence de leur substance première, et ne gardaient que leur ancienne forme. Cependant, comme Henri le fit observer, ce n'est point la substance même qui se change en pierre; mais l'eau déposant un sédiment sur toute sa surface, et le temps détruisant la matière primitive, il ne reste plus que la pierre calcaire, qui s'est modelée sur ce qu'elle a rencontré. Dans une autre corbeille, Lucie vit des spaths de diverses nuances ; rayés comme des arcs-en-ciel, ou pommelés comme des nuages. Quelques-unes de ces pierres étaient taillées en cœurs, en colliers, en boîtes, en urnes, en œufs et autres colifichets variés.

La mère de Lucie lui permit de choisir ce qu'elle aimerait le mieux.

Lucie prit un œuf bien poli en spath, et d'un violet nuancé. Il semblait transparent, et on aurait cru voir au dedans à une grande profondeur; mais quand Lucie essaya de l'ouvrir, elle n'en put venir à bout.

« Alors à quoi peut-il donc servir? »

Il y avait un petit anneau doré à l'un des bouts, auquel on attachait du filet pour le tenir tendu, en guise de poids, pendant qu'on travaille. Lucie avait depuis long-temps commencé une bourse pour son père, et elle était sûre que le plaisir de se servir de ce joli petit œuf l'encouragerait à se mettre à l'ouvrage, dès qu'ils seraient arrivés au terme de leur voyage. Mais comment emballer l'œuf? son père ne voulait pas qu'il roulât dans la voiture; les poches étaient déjà entièrement remplies. Lucie allait être réduite à le changer pour un cœur plat, si Henri, toujours prêt au besoin, ne se fût avancé, et ouvrant aussi large qu'elle se pouvait étendre l'entrée de la poche de sa veste, ne lui eût dit de mettre son œuf dedans. « Il y a une grande, grande place, » ajouta-t-il, en rentrant son estomac, et se faisant mince pour agrandir l'espace.

— « Tu es bien bon, mon cher Henri. »

— « Pas du tout, » reprit Henri ; « je serais tout-à-fait méchant, si je ne me rappelais pas comme tu as été bonne, quand il était question de faire tenir ma chambre obscure dans la malle. Allons, allons, enfonce ton œuf là-dedans, et qu'il n'en soit plus question. »

Elle l'enfonça dans la poche.

— « Mais, Henri, on croira que tu as une grosse enflure ; les passans te regarderont. »

— « Je ne m'en soucie guère, » répondit Henri ; « hé bien, qu'ils me regardent. »

C'était là, en vérité, comme Lucie le savait fort bien, une grande preuve d'affection de la part de Henri ; car, en général, il ne pouvait souffrir d'être en butte à l'attention des étrangers, et évitait avec soin tout ce qui pouvait lui attirer un tel malheur.

« D'ailleurs, » ajouta-t-il, en passant sa main sur l'œuf et en l'enfonçant doucement dans sa poche, « il ne pointe pas plus à présent que ma balle ; je la mets souvent là sans que personne y fasse attention, excepté maman. Tiens, vois-tu ? maintenant, qu'il est rangé tout dans le coin, il ne paraît pas plus gros que mon

mouchoir de poche , qui est de l'autre
côté; ainsi tout va bien. »

— « Mais , si tu tombais par hasard ,
cet œuf qui est si dur pourrait te faire
bien mal, Henri. »

— « Bah, je lui ferais plus de mal
qu'il ne m'en ferait, car je le casserais ,
à ce que je suppose. D'ailleurs, ma chère ,
je ne tombe jamais, ou presque jamais, et
puisque j'ai cet œuf j'y ferai encore plus
d'attention : ainsi n'en parlons plus. A
présent je vais t'expliquer comment j'ai
pris la hauteur du Mont-Abraham. »

Il avait prudemment renoncé à parler
de cette opération à Lucie, tant qu'elle
avait eu la tête pleine de stalactites, de
spaths, et de perruques. Aussi l'écouta-t-
elle avec toute son attention et tout son
intérêt. Elle fut ravie d'apprendre qu'à
deux pieds près, le calcul avait été juste.
Henri fut ensuite félicité par son père ,
qui se réjouissait d'autant plus de ce succès, qu'il était dû à la persévérance. Il
voyait avec plaisir que ce n'était qu'en
rectifiant ses erreurs que son fils avait pu
se satisfaire , et qu'il avait été aussi exact
que possible. Cela promettait bien pour
ses progrès futurs. Tout le reste n'était
que jouet d'enfans. « Très-peu d'oncles, »
dit-il , « auraient donné un baromètre
portatif à un garçon de ton âge. Je suis

charmé que tu puisses lui prouver que tu es en état de jouir de ce présent, et qu'il t'a été utile. »

— « Papa, il est bien heureux pour moi qu'il n'y ait eu personne là-haut, pendant que j'étais à l'ouvrage, et qu'au bas de la montagne, j'aie trouvé un petit réduit à l'écart du chemin, pour y faire mes calculs. Autrement, je suis sûr que tout aurait été de travers. »

— « Que c'eût été dommage ! après toute la peine que tu avais prise, » dit Lucie.

— « Ce serait un grand avantage pour toi, Henri, » ajouta son père, « si tu pouvais t'habituer à calculer, et te mettre en état de poursuivre n'importe quel travail, quand on te regarde, aussi bien que lorsque tu es seul. Tu ne peux t'attendre à être toujours seul, quand tu auras à réfléchir sur quelque chose, ni espérer de rencontrer toujours un réduit solitaire pour y faire tes calculs. Tout écolier est obligé d'étudier sa leçon et d'additionner des sommes, sans se laisser troubler par la présence des étrangers. Cela s'acquiert facilement par l'habitude. »

— « Oui, papa, par l'habitude, et par elle seulement. »

— « Je te dirai, mon ami, ce que tu peux faire par ton propre bon sens, » con-

tinua son père : « essaie, dans chaque occasion de surmonter ton dégoût pour te
trouver parmi des étrangers, et tu par-
viendras à détruire cette fausse honte. »

— « Alors, si vous voulez, papa, j'irai
aujourd'hui dîner avec vous à la table
d'hôte, au lieu de rester avec maman et
Lucie. »

— « Fort bien, mon enfant, cela est
convenu. »

Quand vint le moment du dîner, Henri
accompagna son père, et comme il traver-
sait le salon public, il se disait tout bas :
« Je ne fais pas de mal, pourquoi serais-
je honteux ? Je ne veux pas être timide. »
Malgré tous les encouragemens qu'il se
donnait à lui-même, un brouillard confus
s'étendit devant ses yeux, quand, assis à
côté de son père, il vit en face de lui une
longue rangée d'étrangers, et de tous
côtés des visages inconnus. Il n'osait plus
lever les yeux. Il fut complètement saisi
d'un de ses plus forts accès de timidité,
et s'assit, souffrant sous cette malheu-
reuse influence; roide, empesé, rougissant, et sentant qu'il rougissait, à peine
capable de répondre, « Oui ou non ;
je vous remercie, » quand on lui offrait
quelque chose. Il pensait que chacun le
prenait pour un sot, et il en devenait encore plus gêné et plus maladroit. A peine

s'il voyait, ou savait ce qu'il faisait. Il
laissa tomber par terre une chose, puis
l'autre ; d'abord sa fourchette, puis son
pain en courant après la fourchette, puis
la salière, enfin il renversa un verre d'eau
dans l'assiette de son père. Heureux encore que ce fût dans celle-là ! Monsieur
Wilson releva le verre, renvoya l'assiette,
et ne dit rien sur cette gaucherie. Le
pauvre Henri se souhaitait dans la chambre de sa mère, sous la table, n'importe
où. Ses bévues et ses désastres l'avaient de
plus en plus irrité contre lui-même : il se
croyait déshonoré à jamais; les gens pen-
seraient qu'il était mal élevé, qu'il n'é-
tait qu'un enfant qu'on ne devait pas mettre à table avec des hommes et des gens
bien nés, mais renvoyer manger avec sa
nourrice : ces idées lui rendaient la figure
brûlante de honte, et son front devenait
écarlate jusqu'à la racine des cheveux.

Pendant qu'il était dans cet état, une
dame placée auprès de lui, lui demanda
si elle lui offrirait des huîtres : il ne les
aimait pas, et répondit d'un ton presque
rechigné : « non, je vous remercie; »
puis songeant qu'il avait eu tort de répondre d'un ton bourru, il tendit son assiette, et dit: « S'il vous plaît, madame. »

— « Mais vous n'avez pas fini vos

confitures, » reprit la dame; « je n'y avais pas fait attention. Vous n'aimez sûrement pas les confitures et les huîtres ensemble, mon petit ami ? »

— « Cela m'est égal, madame, je vous remercie, » dit Henri.

— « Vous n'êtes pas le jeune garçon que j'ai rencontré ce matin, portant un baromètre ? » ajouta sa voisine. « Serait-ce vous ? »

— « Je ne me rappelle pas de vous avoir rencontrée, madame; mais j'avais un baromètre à la main. »

— « Réellement? je n'aurais pas pensé que ce fût vous. Pourrais-je vous demander ce que vous faisiez de ce baromètre? »

— « Je ne puis pas vous l'expliquer à présent, madame, » dit Henri.

Heureusement qu'un monsieur attira dans ce moment l'attention de la dame, en buvant à sa santé; elle se tourna de l'autre côté et ne pensa plus à Henri, ni à la question qu'elle lui avait faite. Le père de ce dernier ne paraissait pas s'inquiéter de lui, et le laissait se rassurer petit à petit, et trouver, par sa propre expérience, cette vérité : c'est que les gens s'occupaient beaucoup plus d'eux-mêmes que de lui. Il reprit graduellement l'usage de ses sens, de son intelligence, et fut enfin en état d'entendre

et de comprendre un récit fort intéressant fait par un monsieur assis en face de
lui. Aussitôt qu'Henri eut écouté ce
qui se disait, et que son attention fut
fixée, il ne fut plus ni empesé, ni gauche ;
il leva les yeux, avança sa chaise, oublia
sa rougeur, ses maladresses, et toutes ses
craintes de s'être perdu de réputation ;
bref, il *s'oublia* lui-même entièrement.

· L'étranger rendait compte du pillage
d'un vaisseau, qui avait échoué sur les
côtes, au sud du pays de Galles, dans la
baie de Saint-Bride. C'était un transport
venu d'Amérique, et chargé de munitions
de guerre.

Henri comprit que « munitions de
guerre » signifiait, dans ce cas, de la poudre
à canon et des fusils. Quelques-uns des
gens de la côte avaient vu les signaux de
détresse que faisaient les personnes à
bord du vaisseau ; mais au lieu de mettre
en mer des bateaux pour aller à leur
secours, ces misérables ne pensèrent qu'à
piller la cargaison et à emporter tout ce
qu'ils trouveraient à leur convenance.
Assemblés sur le rivage, ils attendirent
que le vaisseau poussé sur la côte, vînt
échouer devant eux ; et tandis que les
matelots et les passagers essayaient de
sauver leur vie, ces pillards ne s'occupaient qu'à enlever tout ce qu'ils pou-

vaient voler impunément. Ils entourèrent
le vaisseau aussi vite que possible, car ils
savaient qu'aussitôt que les propriétaires
des environs apprendraient ce naufrage,
ils accourraient pour secourir les malheureux, et empêcher qu'on ne les pillât.
Cette vile populace se hâta tellement,
qu'elle prit en effet possession de sa proie,
et amena à terre une quantité considéra-
ble des poudres du chargement du vaisseau. Plusieurs de ces voleurs s'étaient
munis de plus qu'ils ne pouvaient porter;
d'autres luttaient pour arracher leur part
du butin que leurs camarades traînaient
sur la plage. Dans cette scène de confu-
sion, parmi ces débats et ces querelles,
une grande quantité de poudre se répan-
dit sur le rivage et sur les rochers. Un
des chefs de ces coquins, querellant avec
un autre qui s'était emparé d'un mousquet
et voulait le garder, le lui arracha de
force, et le lança loin de lui avec violence.
Tout se passa avec une telle rapidité que
personne ne put voir exactement ce qui
arriva; mais, il est probable, que le mousquet alla frapper contre une pierre à
fusil; une seule étincelle suffit pour com-
muniquer le feu à toute la poudre qui
était éparse sur le rocher; les explosions
se succédèrent; une traînée conduisait à
l'autre, et en quelques secondes, la plage

entière fut enveloppée de feu et de fumée. Plusieurs des pillards furent tués sur la place; plusieurs furent horriblement mutilés, et moururent dans de longues souffrances. L'homme qui avait jeté le mousquet disparut, et on n'en a jamais entendu parler depuis.

Tandis qu'Henri écoutait cette histoire terrible, mais vraie, la pitié pour les malheureux naufragés périssant faute de secours, l'indignation contre les misérables qui avaient pu seulement penser à piller le vaisseau; misérables tels, qu'il pouvait à peine croire à leur existence, l'horreur de cette catastrophe, l'effroi de la punition terrible et juste qu'ils s'étaient si immédiatement attirée, une sorte de joie qu'ils n'eussent rien gagné à leur crime, se confondaient dans son esprit et le remplissaient tellement, qu'il perdit de vue toute autre chose. Il oublia où il était et avec qui ; toutes ses craintes niaises et enfantines se dissipèrent. Qu'étaient devenues sa honte et sa timidité habituelle ? elles étaient passées, ainsi que toutes ses vaines inquiétudes sur l'opinion que l'on pouvait se former de lui.

CHAPITRE XIV.

Les Moustiques ; préoccupation de Henri ; la Chanson.

En quittant Matlock, la route parut peu intéressante à nos voyageurs : mais ils avaient des livres dans la voiture, et madame Wilson commença à lire, d'abord pour elle seule, tout bas, puis à mesure qu'elle trouvait quelque chose d'intéressant, et qui pouvait amuser ses compagnons de voyage, elle leur en faisait part.

« Voilà, » dit-elle, « une histoire des diverses familles d'insectes piquans qui infestent quelques cantons de l'Amérique méridionale; les pauvres habitans passent leur vie à se plaindre de l'insupportable tourment des moustiques. »

— « Auriez-vous la bonté de nous lire cela, maman? » reprit Lucie; « à présent que je suis si à mon aise, bien commodément assise, avec votre nécessaire sous mes pieds. »

— « Ceux qui n'ont pas navigué dans les

grands fleuves de l'Amérique méridionale, par exemple dans l'Orénoque, et le fleuve de la Madelaine, peuvent à peine concevoir qu'à chaque instant, on soit tourmenté par des insectes volans qui remplissent l'air, et que la multitude de ces animaux puisse rendre de vastes régions presque inhabitables. Ils couvrent votre figure et vos mains, percent vos habits avec leur longue trompe, qui a la forme d'une aiguille, s'insinuent dans votre bouche, dans vos narines, et vous font tousser et éternuer constamment, lorsque vous essayez de parler en plein air. Dans les villages situés sur les bords de l'Orénoque, et entourés d'immenses forêts, la plaie des mouches offre un sujet de conversation inépuisable. Quand deux personnes se rencontrent le matin, la première question qu'elles s'adressent, mutuellement, c'est : « Comment vous êtes-vous trouvée des *zancudoes* cette nuit? comment vous trouvez-vous aujourd'hui des *moustiques?* *

« A la nouvelle Barcelonne, les malheureux habitans s'étendent pour la plupart sur la terre, et passent la nuit enterrés dans le sable, à trois ou quatre pouces de profondeur, ne laissant dehors que leur

---

* Voyage du Baron de Humboldt, vol. 5.

tête qu'ils couvrent avec des mouchoirs.
Plus loin, le voyageur trouve pis encore,
car il arrive à la région des *affligés*. C'est
ainsi qu'on nomme ceux qui sont con-
damnés à être toujours torturés par ces
insectes. Un pauvre moine qui avait eu,
comme il le disait, ses vingt ans de moustiques dans ce pays, supplia monsieur de
Humboldt et ses compagnons de raconter
aux Européens ce qu'ils avaient à souffrir
dans les forêts de l'Amérique méridionale.
Quand un moine inférieur a commis quelque faute, son supérieur l'exile dans cette
contrée, et ils appellent cela, être con-
damné aux moustiques. »

Lucie assura qu'elle était charmée de
ne pas courir le risque d'être envoyée
dans un pareil lieu, et elle demanda à
sa mère si le livre ne disait plus rien
d'amusant sur ces vilaines bêtes. Madame
Wilson lui lut des détails sur les différentes familles d'insectes piquans, qui *mon-*
tent la garde, à différentes heures du
jour et de la nuit. A l'instant où un essaim
s'envole et où le nouveau venu n'est pas
encore établi ; ou, en terme de guerre, au
moment où la *garde est relevée*, il y a un
intervalle de repos. Les naturels comptent
et connaissent toutes les heures du jour
et de la nuit par les différentes familles
de moustiques, et, comme ils le disent eux-

mêmes, ils peuvent, les yeux fermés, juger quelle heure il est, par la piqûre du dernier essaim, ou par le bourdonnement du nouveau tourment qui leur arrive. »

« Les horribles insectes! » dit Lucie, « je suis vraiment contente que nous n'en ayons point ici. »

— « Horribles! » répéta Henri, d'un ton distrait : il semblait enchanté de voir finir l'histoire des moustiques, et d'en être débarrassé. Elle l'avait empêché de fixer son attention sur quelque chose dont il voulait s'occuper.

Aussitôt que la voix de sa mère avait annoncé, en s'abaissant, qu'elle finissait sa lecture, il s'était jeté à la portière, et le corps à moitié hors de la voiture, il examinait la roue de derrière.

« Y a-t-il quelque chose à la roue, mon frère ? » demanda Lucie.

— « Non, rien; seulement, je voulais voir... »

— « Prends garde, Henri, » dit sa mère, « tu pourrais te jeter dehors. »

— « Non, maman, je vous remercie; il n'y a pas de danger, je me tiens aux poignées. »

Il n'y avait rien de plus à dire sur la sûreté de la posture qu'Henri avait choisie : on aurait pu ajouter peut-être quelque remarque sur son insociabilité ; mais sa mère s'était remise à lire, et Lucie et son père l'écoutaient.

« Oh! Henri, » s'écria Lucie, « mon frère, voilà les *termites*, les grandes fourmis ! est-ce que tu ne veux rien entendre sur elles ? »

— « Je te remercie, » dit Henri ; « j'en ai déjà assez entendu. »

Elle le laissa à sa roue pendant quelque temps, puis revenant encore à la charge, elle reprit :

« Oh! Henri, n'entends-tu pas cela sur le *Jaguar?* comme il vint bondissant le long du rivage pour jouer avec la petite fille, et comme il déchira la peau de son front, et comment elle le chassa avec une branche d'arbre ; pense seulement, mon cher ! un Jaguar ! »

— « Mon Dieu! Lucie, tu me déranges ; tu me fais toujours manquer mon compte. Il faut à présent que je recommence. »

Elle se retira, mais au bout d'un petit moment elle ne put résister à la tentation de l'interrompre encore.

« Henri ! Henri, écoute ceci ! un *arbre à chemise!* Mon cher Henri, c'est vraiment le nom d'un vrai arbre, de cinquante pieds de haut. Il pousse dessus des chemises toutes faites et sans couture ! »

— « Cent cinquante-cinq... j'en suis

enchanté. Cent cinquante-sept..;. » dit
Henri, poursuivant son calcul.

— « Si l'arbre à chemise n'y peut rien,
rien n'y fera, » pensa Lucie; et elle se
rassit, et resta tranquille à écouter ce
que sa mère lisait. Après une ou deux
pages, elle se leva, et jeta ses bras autour
de son frère.

« Oh ! Henri, Henri; la plus belle
histoire que tu aies jamais entendue ! Une
mère qui, pour chercher ses enfans, sur-
monta tous les obstacles ; elle passa dans
des endroits où personne n'avait jamais
eu le courage d'aller auparavant: pendant
quatre jours, elle ne vécut qu'en se nour-
rissant de fourmis noires. Et après tout
cela, elle fut mise à la torture. Oh !
Henri, ne veux-tu pas écouter la fin ? »

— « Deux cent vingt et un. Tu me
la conteras une autre fois, ma chère.
Deux cent vingt-deux... »

Lucie y renonça, l'abandonna à lui-
même, et écouta seule la fin de l'histoire,
fâchée pourtant que Henri ne pût pas,
ou ne voulût pas partager son plaisir.

Quand cette histoire *della Piedra del
la Madre*, ou Rocher de la Mère, fut
finie, madame Wilson se trouvant fatiguée, cessa de lire : le père prit un livre
de son côté; Lucie, qui avait l'heureuse
faculté, soit au logis, soit en voyage, de

s'amuser seule, commença à désigner à
sa mère chaque objet ou chaque animal
qu'elle voyait sur la route, et qui, à ce
qu'elle pensait, serait joli à dessiner.

« Regardez donc, maman, cette femme qui traverse ce champ là-bas, avec
une hotte de foin sur son dos, et la vache
qui la suit, sans qu'elle s'en aperçoive,
et qui mange le foin; n'est-ce pas comme
une des vignettes de Béwick ? Maman,
comme vous ne faites rien maintenant,
quand je verrai quelque chose sur la route
qui me semblera devoir faire un joli tableau, je vous le montrerai, et vous me
direz si vous êtes de mon goût.

« Regardez ce vieux soldat fatigué,
s'arrêtant à côté d'un puits, et la petite
fille qui lui tend son broc de fer-blanc
qu'elle vient de remplir. Le voilà qui boit,
pendant que la petite fille écarte avec ses
mains les cheveux qui couvraient son
front, et que le soleil couchant éclaire
toute sa gentille petite figure. Est-ce que
cela ne ferait pas un joli Béwick ? »

Son père qui finissait sa lecture, et
qui était toujours de bonne humeur, et
prêt à partager les plaisirs des autres,
posa son livre, et regarda à la portière,
prenant sa part du divertissement de Lucie et de sa mère. Dans cet instant, il vit
un vieux homme et une vieille femme,

s'acheminant le long d'une ruelle qui conduisait à un bois, et il commença à chanter la chanson favorite de Lucie, qui joignit aussitôt sa voix à celle de son père.

AIR DE CARABI.

Il était un p'tit homme.

« Il était un vieux homme,
Tout laid, tout rabougri,
   Et tout gris :
Voulez-vous savoir comme
A sa femme, il disait,
   Répétait :
   « Au bois quand j'y vais,
   « En un jour je fais
   « Bien plus qu'au grand jamais;
« En quatre jours (*bis*), femme, tu n'en ferais. »

   « Essayons, » dit la dame;
   « Voyons ce qui se fait
      « Quand j'y vais.
   « Pendant que tu te pâmes
   « A souffler dans tes doigts
      « Toujours froids,
   « Je vais, par ma foi,
   « Brasser à la fois,
En un seul jour au bois,
« Plus de fagots (*bis*) que tu n'en fais en trois. »

Henri se retourna, et les regarda d'un air vexé et déconcerté; Lucie lui dit :

« Chante avec nous, Henri. Oh ! chante avec nous ! tu la sais. »

Mais Henri, pour toute réponse, boucha ses oreilles, et se pencha à l'autre portière encore plus qu'auparavant. La chanson se poursuivait à plein gosier, lorsqu'Henri, rentrant sa tête dans la voiture, et se frottant les mains, s'écria, comme il se rejetait dans son coin :

« Enfin, je le tiens ! je l'ai trouvé, papa ! »

Son père, sans lui demander ce qu'il avait trouvé, continua de chanter.

« Papa, » reprit Henri, « voulez-vous m'expliquer maintenant ce que signifie un brevet d'invention, et comment on s'y prend pour en avoir un ? »

— « Je chante, ne l'entends-tu pas ? » dit son père. « Allons, Lucie, en mesure. »

Quand la chanson fut terminée, Henri recommença sa question sur les brevets : mais son père ne l'écouta pas davantage.

« Papa ! » s'écria Henri, après avoir long-temps épié le moment, et lorsqu'il pensa qu'il pourrait enfin fixer l'attention de son père ; « papa, j'ai bien envie de vous dire à quoi je pensais pendant tout ce temps. »

— « Je n'ai que faire de l'apprendre ,
Henri , je ne puis pas me déranger pour
tout ce qui te passe par la tête ; je suis occupé de mes propres idées. »

En parlant ainsi, il se mit dans la posture qu'Henri avait le moment d'avant ,
et sortit à demi son corps de la voiture.

« Hé bien, » dit-il, en se tournant vers
son fils qui le regardait d'un air dolent,
« tu sens à ton tour combien il est pénible
de ne point trouver de sympathie ; tu comprends combien il te serait désagréable
de nous voir refuser de mettre nos idées à
l'unisson des tiennes, lorsque tu réclames
notre attention. »

— « C'est vrai , papa , » dit alors
Henri, d'un air honteux, « je vois que j'ai
été toute la journée bien maussade ; mais
je ne le faisais pas exprès ; je pensais à
quelque chose que j'espérais devoir vous
faire plaisir, et je ne voulais pas m'en
distraire, jusqu'à ce que je l'eusse entièrement inventé, ou du moins , poussé
aussi loin que possible. »

— « Oh, papa ! » reprit Lucie, « puis-
je parler ?.. Vous devez être content qu'il
ait ainsi persévéré , au milieu de tout le
tintamarre que nous faisions, et de toutes
mes interruptions. Je suis sûre que je
ne pourrais pas fixer mon attention comme
cela. »

— « Toi et Henri, ma chère Lucie, vous avez justement les deux défauts opposés, et je voudrais que vous les connussiez bien, afin d'user avec soin de tout l'empire que vous avez sur vous-mêmes pour vous corriger. Ton attention, Lucie, passe trop rapidement d'un objet à l'autre : tu es ce que l'on appelle vulgairement un étourneau. Tu dois donc employer tous tes efforts pour empêcher ton esprit de courir ainsi, effleurant vingt sujets : je t'engage à le fixer avec ténacité, et aussi long-temps que tu le pourras. Ton caractère est si rempli de sympathie et de tendresse, qu'il n'y a pas à craindre que tu hésites jamais à abandonner tes propres idées pour te prêter à celles des autres, et te mêler, soit à leurs travaux, soit à leurs amusements, quand cela leur sera utile ou agréable. Pour toi, Henri, tu as acquis l'habitude de fixer ton attention avec constance sur la chose qui t'intéresse, mais tu ne peux pas aisément détourner ton esprit de tes propres pensées pour le porter sur ce qui se passe autour de toi, ou pour céder au désir de ceux qui veulent t'amener à partager leurs sensations. Maintenant, remarque que ta mère, ta sœur, moi et tout le monde, nous aimons la sympathie, autant que tu l'aimes probablement toi-même; et si tu prends cette

humeur insociable, et cette habitude de
ne jamais te joindre aux autres dans ce
qu'ils font, de ne point t'intéresser à ce
qu'ils disent, ou à ce qu'ils écoutent, tu
deviendras un compagnon fort ennuyeux
et fort peu désirable. »

— « J'espère que non, » dit Henri,
d'un air sérieusement alarmé.

— « Tu as de la persévérance et une
louable ambition, » continua son père;
« mais le danger pour toi, c'est que ton attention ne se borne qu'à un petit cercle
d'objets, et que tu n'agrandisses pas ton
esprit par des observations et des connaissances générales. Tu vois que je ne te
parle pas, comme à un faible enfant,
mais que je te traite comme une créature
raisonnable qui désire fortement se perfectionner. Ce voyage t'offre des occasions
de te corriger de tes défauts. Quand tu
parcours un pays nouveau, regarde autour de toi, et observe chaque chose.
Quand tu es avec des gens qui parlent
sur des sujets qui sont neufs pour toi,
écoute ce qu'ils disent. On peut acquérir
beaucoup de connaissances, goûter beaucoup de plaisir par les oreilles aussi bien
que par les yeux. « Ils ont des oreilles et
n'entendent pas, » est un proverbe appli-
cable à trop de gens qui ont aussi des
yeux et ne voient point. »

— « Il a bien écouté l'autre jour , papa , » dit Lucie, « et il a entendu tout ce que ce monsieur avait dit du naufrage et de la poudre à canon : Henri me l'a tout répété après. »

— « Et il en a été récompensé, puisqu'il t'a amusé, et que tu te le rappelles si bien et si à propos ; j'espère qu'il continuera à suivre la conversation. »

— « Si l'on ne disait pas généralement en compagnie, tant de choses inutiles, et vides , j'écouterais plus souvent, papa , et plus volontiers. »

— « Choisis , trie les choses sensées : si tu en fais l'essai , tu trouveras toujours quelques grains dorés de bon sens, même dans un océan de frivolités. Et supposons qu'il n'en fût pas ainsi, il serait encore utile pour ta propre intelligence , d'interrompre , même par des bagatelles, le cours de tes pensées : l'esprit devient engourdi, stupide , lorsqu'il a été tendu trop long-temps vers un même but. »

— « C'est vrai, » dit Henri ; « je l'ai éprouvé aujourd'hui, comme je pensais à ma roue mesurante. Quand j'ai eu réfléchi bien long-temps, je suis devenu tout-à-fait fatigué et alourdi ; je n'aurais pas pu dire à quoi je songeais ; je ne pouvais pas trouver ce dont j'avais besoin, et ça

me. faisait du bien d'écouter l'histoire des
moustiques, que j'avais pourtant pris à
grippe dans ce moment-là. »

— « Henri est si candide, » reprit
madame Wilson, « qu'il y a réellement
du plaisir à le trouver en défaut. »

Effectivement il n'était pas comme ces
enfans étourdis, et vains, qui, lorsqu'on
leur reproche quelque tort, ne pensent
qu'au moment où la personne qui les répri-
mande aura fini, et où ils pourront échapper
à cette peine immédiate : ni de ceux qui
ne pensent qu'à chercher une excuse ; ni
encore de ceux (assurément les plus sots)
qui restent stupéfiés, debout ou assis,
immobiles comme des statues, éprouvant
pendant tout ce temps la même souffrance,
que si le cauchemar les empêchait de bouger. La sensation qu'avait Henri, était
presque aussi désagréable ; c'était un
mélange de honte et d'orgueil blessé,
mais il la combattait, et s'en délivrait le
plus promptement possible.

« Que faisais-tu, Lucie, avant tout
cela ? » demanda Henri.

— « Nous chantions *il était un vieux
homme,* » dit Lucie; puis elle ajouta tout
bas, « ça t'amuserait-il de le chanter
aussi ? si tu veux, je vais recommencer? »

— « Je veux bien, » dit-il ; « commençons. »

Elle reprit l'air, Henri suivit, leur père se joignit à eux. Ils ne chantaient pas très-juste, mais ils étaient tous joyeux et contens les uns des autres, et Lucie dit alors qu'elle était *complètement* heureuse.

« Ainsi, papa, » ajouta-t-elle, « il est convenu qu'il doit y avoir toujours quelques bêtises mêlées, de temps à autre, avec la raison, autrement on finirait par se fatiguer à mourir, n'est-ce pas? »

FIN DU PREMIER VOLUME.

NOTES DU PREMIER VOLUME.

(1) « Lucie regarda le thermomètre et vit qu'il était à 65 degrés. » Page 145.

Ce qui répond à-peu-près à 14 degrés et demi du thermomètre de Réaumur. Celui dont les Anglais se servent habituellement, et que Miss Edgeworth a désigné ici, est de Farenheit. Ce physicien a pris son point de départ à 32 degrés au-dessous de glace, point où le mercure se gèle. Des Russes ont même assuré avoir éprouvé un froid assez vif pour aller au-delà. Ils étaient obligés d'avoir recours à l'alcool ou esprit de vin pour marquer les degrés.

Réaumur a pris son point de départ de la glace, o, jusqu'à l'eau bouillante, ce qui donne 80 degrés, lesquels divisés par la mesure décimale en font cent. Son thermomètre est le plus généralement en usage en France.

(2) « Cède le noir charbon, ou le métal sonore. » Page 172.

C'est à l'obligeante amitié de mademoiselle de Montgolfier que je dois ces vers imités de l'anglais : on aimera peut-être à retrouver ici ceux de M. Delille sur le même sujet dans son poème des trois Règnes.

« Au-dessus des bassins sur qui l'onde bouillonne,
Dans les concavités d'une longue colonne,
Son épaisse vapeur du bassin écumeux
S'exhale dans le vide en tourbillon fumeux;
Suivant que son nuage ou s'élance ou s'affaisse,
Le docile piston ou remonte ou s'abaisse;
L'industrie, à son choix, en gouverne le jeu.
A peine la fumée, enfant léger du feu,

Dans le tube d'airain où sa vapeur s'amasse
Du piston qu'il refoule a soulevé la masse,
Une eau froide, avec art introduite en son sein,
Dans son canal brillant la refroidit soudain ;
Et par le froid magique, arrêtée en sa route,
Une immense vapeur tombe réduite en goutte :
Alors le lourd piston sent le fardeau de l'air,
Et retombe en glissant dans sa prison de fer :
Cependant, un levier, qui, dans l'air se balance,
Suivant que la fumée ou s'abaisse ou s'élance,
Monte ou tombe, et s'en va jusqu'aux antres profonds,
Arracher les trésors aux entrailles des monts,
Ravit le noir charbon à la mine féconde,
Extrait le plomb, l'airain, puise et reverse l'onde ;
Ainsi l'art asservit, pour ses travaux divers,
Et la terre, et les eaux, et la flamme et les airs. »

(3) « C'était du gaz *portatif*, tel que celui dont on commence à se servir maintenant. » Page 234.

On lit dans le Cours d'Etudes Encyclopédiques publié par François Pagès, à Paris, an VIII, le récit d'une expérience qui pourrait bien avoir quelque rapport avec celle que cite le père de Henri.

« Vers l'an 1750, on a fait à Naples la découverte d'une lumière perpétuelle. Le Prince de Sanséveró travaillait à un procédé chimique ; il ouvrit, à une heure après minuit, quatre cucurbites de verre ; en voulant les examiner d'un peu trop près avec une bougie, la matière contenue dans un de ces vases, prit feu sur le champ, et donna une flamme très-vive ; il enleva promptement ce vase de la table sur laquelle il était posé, et laissa brûler pendant six heures la matière qu'il renfermait : la flamme, au bout de ce temps, s'étant trouvée aussi belle et toute aussi forte qu'au premier instant, il l'étouffa en couvrant le verre qui en

avait à peine contracté une chaleur sensible. Le lendemain, il voulut inutilement rallumer cette matière
dont le poids n'était pas diminué ; il en mit dans un
tuyau de verre, et y enfonça une mèche ; il ne put
parvenir à lui faire prendre feu, qu'après y avoir ajouté
un quart d'once de la même matière : la flamme qu'elle
produisait était plus faible que celle d'une lampe ordinaire ; elle allumait une bougie, et brûlait la main
quand on la tenait élevée de quatre pouces au-dessus ;
sa fumée noircissait le papier à la même distance ; on
lisait auprès sans peine, l'écriture la plus fine et la
plus déliée. La moindre inclinaison du tuyau la faisait
trembler, de façon qu'elle menaçait de s'éteindre ;
mais, étant bien perpendiculaire, elle formait un cône
parfait. Elle a brûlé de cette manière pendant six mois,
sans aucun changement pour la clarté, et *sans dimi-
nution du poids de la matière.* Le Prince de Sansévero,
pour mieux examiner la nature de cette flamme, fit
faire autour une grande lanterne carrée, à laquelle il
essaya de mettre un couvercle ; la flamme aussitôt devint tremblante, et fut toute prête à s'éteindre. Il fit
faire à différentes hauteurs, des trous aux parois de
la lanterne ; chaque fois, il observa que la flamme
cessait d'être perpendiculaire, et qu'elle dirigeait sa
pointe vers le trou qui l'attirait, jusqu'à faire un angle
droit avec sa mèche ; dès qu'on enlevait la lanterne,
elle reprenait sa direction perpendiculaire. Cette découverte peut justifier la perpétuité des lampes sépul-
crales, que des savans ont traitées de fable. »

Il est à regretter que ce livre ne renferme pas de
détails sur la composition de cette matière chimique,
et sur les expériences qui l'avaient formée ou préparée.
On serait d'abord tenté de la prendre pour du gaz

hydrogène, si plusieurs circonstances du récit ne dé-
mentaient cette conjecture.

(4) « Justement quand j'allais voir le grand Otto
de Guerike. » Page 239.

On ne s'étonnera pas de l'admiration de Henri pour
le grand Otto ou Othon de Guerike, quand on saura
tout ce que ce grand physicien a fait pour les sciences.
Il était Conseiller de l'Electeur de Brandebourg, et
Bourguemestre de Magdebourg. Il naquit en 1602 et
mourut en 1686 à Hambourg, âgé de quatre-vingt-
quatre ans. Il fut un des plus célèbres savans de son
temps. Il perfectionna la *Machine Pneumatique*, ou
pompe à air ; il inventa les *deux bassins de cuivre* appli-
qués l'un contre l'autre, que seize chevaux ne pouvaient séparer en tirant ; le *marmouset de verre*, qui
descendait dans un tuyau quand le temps était pluvieux, et en sortait quand il devait être serein. Cette
dernière machine disparut pour faire place au baromètre, surtout depuis que *Huygens* et *Amontone* eurent donné les leurs. Guerike se servait de son Marmouset pour annoncer les orages ; le peuple le croyait
sorcier. La foudre étant tombée un jour sur sa maison
et ayant pulvérisé plusieurs machines dont il se servait
pour ses expériences, on ne manqua pas de dire que
c'était une punition du Ciel irrité.

Les Expériences de Guerike sur le vide ont été
imprimées, en 1672, in-folio, en latin, sous le titre
d'*Experimenta Magdeburgica*.

Voyez Otto de Guerike, *Dictionnaire Historique*.

FIN DES NOTES.

TABLE DES MATIÉRES

CONTENUES DANS LE PREMIER VOLUME.

FIN DE LA TABLE.

Lightning Source UK Ltd.
Milton Keynes UK
UKHW040630231118
332756UK00011B/1531/P